Inge M

Inge Meyer-Dietrich ist im Ruhrgebiet aufgewachsen, hat am Rhein und in Süddeutschland gearbeitet und studiert, um schließlich wieder ins Ruhrgebiet zurückzukehren, wo sie jetzt mit ihrem Mann lebt. Ihre drei Kinder sind inzwischen erwachsen.

Von Inge Meyer-Dietrich sind in den Ravensburger Taschenbüchern außerdem erschienen:

RTB 52150
Flieg zu den Sternen

RTB 52166
Der Sommer steht Kopf

RTB 52237
Und das nennt ihr Mut

RTB 58178
Ich will ihn – ich will ihn nicht

RTB 58178
Warum, Leon?

RTB 58208
He, Kleiner!

In der Reihe **Short & Easy**
sind außerdem erschienen:

RTB 52239
Ralf Thenior, Zerbrochene Träume

RTB 52236
Bernhard Hagemann, Mit Vollgas in die Kurve

RTB 52245
Werner Färber, Volle Pulle

Inge Meyer-Dietrich

Genug geschluckt

Mit Bildern von Sibylle Krebs

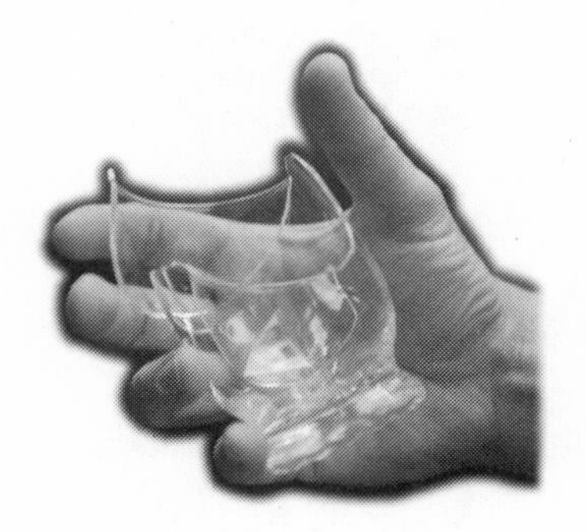

Ravensburger Buchverlag

Als Ravensburger Taschenbuch
Band 52259
erschienen 2004

Dies ist eine für die Short & Easy-Reihe
gekürzte Version des 1999
erschienenen Taschenbuchs
„Immer das Blaue vom Himmel“.

Umschlagfoto: Sibylle Krebs

Die Schreibweise entspricht den Regeln
der neuen Rechtschreibung.

1 2 3 4 5 08 07 06 05 04

ISBN 3-473-52259-7

www.ravensburger.de

1

Mitten in meinen Traum sprang dieses
hässliche Geräusch. Der Wecker im Regal
gellte zum Verrücktwerden laut.
Ich war gezwungen aus dem Bett zu klettern,
um ihn abzustellen. Fünf vor drei.
Dunkle, kalte Februarnacht.
Ich wär am liebsten ins
warme Bett zurückgekrochen. 
Aber zum Glück hing das Foto
von Gianna über meinem Schreibtisch.
Gianna. Konnte es einen größeren Kontrast
zu Müdigkeit und Kälte geben?
Ich gab mir einen Ruck, lief ins Bad.
Unter der Dusche wurde ich halbwegs wach.
Jetzt noch ein Kaffee. Dann müsste ich fit sein.

Schon vom Flur aus sah ich Licht in der Küche.
Mein Magen krampfte sich zusammen.
Er wusste schneller Bescheid als mein Kopf.

Walter saß am Tisch. Er schlief, das Gesicht
in den Händen versteckt und schnarchte leise.
Im Aschenbecher qualmte eine Kippe vor sich hin.
Ein halb volles Glas stand in einer Pfütze aus Bier.
Am Boden lag ein leerer Flachmann.
Angewidert riss ich das Fenster auf.
Drückte die Kippe aus.
„Steh auf!“ Meine Stimme zitterte.
Hart fasste ich meinen Vater am Arm.
Der hob den Kopf, stierte kurz an mir vorbei
und sackte wieder in sich zusammen.
Ich fühlte Wut in mir hochschießen.
Wahnsinnige Wut, vermischt mit tausend
anderen Gefühlen.
Nein, du machst mir
mein Leben nicht mehr
kaputt, dachte ich.
Die Zeiten sind vorbei.
Die Lust auf Kaffee
war mir vergangen.
Ich hatte auch keine Zeit
mehr. Die Leute wollten
ihre Zeitung pünktlich

und ich brauchte das Geld –
nicht nur für den Urlaub.
Ich holte den Roller vom Hof und startete.

Kurz vor Weihnachten war Walter aus der Klinik
gekommen. Ich hatte mich nicht darauf gefreut.
Das halbe Jahr ohne ihn war zu unbeschwert
gewesen. Das hatte ich ja gar nicht mehr
gekannt.
Hatte mich aber mit der Zeit daran gewöhnt.
Klar, wenn wir zu Besuch in der Klinik waren,
wirkte Walter ziemlich normal und gesund.
Aber zu Hause? Ich konnte nicht daran
glauben, dass er durchhalten würde.
Und dann hab ich ihn beobachtet.
Regelrecht belauert. Hab ihm die ersten Tage
zu Hause echt schwer gemacht.
Dabei war er ganz in Ordnung. Half im Haushalt.
Kümmerte sich nach den Feiertagen um Arbeit,
fand einen Aushilfsjob beim Stadtanzeiger.
Er hat tatsächlich keinen Tropfen Alkohol
angerührt. Weihnachten nicht und
nicht einmal Silvester.

Ich hab die Fete sausen lassen,
auf die ich mich schon lange gefreut hatte.
Um Mitternacht sind wir auf dem Rungenberg
gewesen und haben uns zu dritt das Feuerwerk
von dort oben angesehen.
„Ich hab's geschafft", hat Walter gesagt.
„Ich bleibe trocken. Das verspreche ich euch
fürs neue Jahr." Er glaubte fest daran.
Und wir glaubten es auch.
Mama mit ihrem strahlenden Lächeln.
Sie hat so schön ausgesehen. Schön und jung.
Über den Himmel tanzten, zuckten und
zischten die Leuchtraketen.
Das war vor sechs Wochen!
Wenn Mama ihn jetzt nicht rausschmeißt,
dann geh ich, das schwor ich mir.
Ich wollte den Zirkus nie wieder mitmachen.

Kalter Wind fegte zwischen den dunklen
Häusern hindurch und blähte meine Jacke auf.
Ich dachte an Gianna. Das machte den Wind
weniger kalt. Rückte Walter für einen Moment
in den Hintergrund.

Doch dann kam ich am *Stern* vorbei,
einer von seinen früheren Kneipen.
Ich sah jemanden aus der Tür torkeln,
der gleich umzingelt und festgehalten wurde.

„Lass … lasst mich los.“ Mühsam versuchte der Betrunkene zu formulieren. Ich bremste. Rollte zögernd näher. „Komm, Alter, halt die Luft an“, hörte ich eine junge Stimme sagen. Dann Gelächter. Drei, vier Typen, die widerlich lachten. „He, was macht ihr mit ihm?“, rief ich ohne zu überlegen.
„Verpiss dich, Kleiner! Wir haben hier noch ’ne Rechnung offen.“
Kleiner hatte mich niemand mehr genannt, seit ich über die Einsachtzig hinausgewachsen war. Ein Kleiderschranktyp kam mit erhobener Faust auf mich zu.
Größer als ich und ungefähr doppelt so breit. „Halt dich ja raus, sonst bereust du’s“, zischte er.

2

Gianna rollte sich auf die andere Seite.
Sie hatte endlich mal wieder richtig
ausschlafen wollen. Doch jetzt zeigte
ihr Wecker erst vier und sie war hellwach.
Hatte von Matthias geträumt.
Einen Traum voll Zärtlichkeit und Sonne.
Sizilien, dachte sie. Im Sommer zeig ich ihm
mein Kindheitsparadies. He, Matthias,
denkst du auch gerade an mich?
Gegen sechs müsste er mit den Zeitungen
fertig sein. Vielleicht würde er noch
für Mahagoni arbeiten, aber der Abend war frei.
Sie wollten zu viert was unternehmen.
Gianna sah zum Bett in der anderen Ecke
des Zimmers. Laura war bis auf ein paar
dunkle Haarsträhnen unter ihrer Decke
verschwunden. Sie schlief noch fest.
„Nicht zu fassen, dass ihr Zwillinge seid.
Ich dachte, eine von euch beiden wäre

bestimmt adoptiert“, hatte Arne neulich noch gesagt. „Laura und ich, wir sind uns viel ähnlicher als ihr zwei.“
Ja, Arne war zwar größer als die kleine, zierliche Laura, aber sie hatten beide krause dunkle Haare und braune, fast schwarze Augen. Schauspielern konnten beide großartig. Schule war nicht so ihr Ding, bis auf Deutsch. Ihre Aufsätze waren die originellsten in der ganzen Stufe. Und sie schrieben sich jede Menge Liebesbriefe. Das wusste Gianna, obwohl sie nie einen gelesen hatte. Matthias schrieb keine Liebesbriefe.

Gianna knipste die Lampe über ihrem Bett an.
Nahm das gerahmte Foto von der Wand.
Sie versuchte die beiden auf dem Foto wie
Fremde zu betrachten. Matthias und Gianna.
Sahen sie wirklich so gut aus,
wie Laura immer behauptete? Fast gleich groß
und schlank, blonde Haare, blaue Augen.
Dass Matthias' Augen dunkler waren,
konnte man auf dem Foto nicht sehen.
Nachtblau würde ein Dichter sie
vielleicht nennen. Dafür leuchteten Giannas
Haare heller, wellten sich und fielen
bis tief in den Rücken. „Gold pur“,
hatte Matthias erst neulich gesagt
und so behutsam über ihr Haar gestrichen,
als ob das Gold abblättern könnte.
Gianna legte das Foto beiseite.
Knipste die Lampe aus.
Spann ihre Gedanken weiter
zu einem luftigen Netz.

3

„Mensch, Matthias, ich hab schon gedacht, du kommst nicht mehr."
Arne wuchtete einen Stapel Zeitungen in seine Satteltaschen. Ich schnappte mir auch einen Packen. In Gedanken kehrte ich zu meinem Vater zurück.
Wir bugsieren ihn mühsam zu zweit ins Schlafzimmer. Er fällt aufs Bett. Mama zieht ihm die Schuhe aus. Deckt ihn vorsichtig zu. Ich stehe erschrocken daneben. Stolpere schließlich hinter Mama her aus dem Zimmer.
„He, Kumpel, nicht einschlafen."
„Ich weiß, Arne. Bis sechs muss ich fertig sein."
Wir fuhren los. Erst kurz vor der Gesamtschule trennten wir uns.
Arnes Mutter und ihre Freundin Vera waren Zeitungsbotinnen im größten Bezirk der Stadt.

Arne und ich hatten die beiden schon oft
am Samstagmorgen vertreten.
Obwohl nächtliches Zeitungsaustragen
erst ab achtzehn erlaubt ist.
Die Hochhäuser waren am besten.
Man wurde schnell jede Menge Zeitungen los.
In der Siedlung mit den Einfamilienhäusern
dagegen musste man sich ranhalten,
um pünktlich fertig zu werden.
Ich ließ meinen Roller an
der Ecke stehen und sprintete
in die kleine Stichstraße.
Ich war schnell.
War gut in Form.
Doch meine Gedanken
liefen schneller. 
Zurück zu den Typen bei der Kneipe.
Beinah wären sie auf mich losgegangen.
Hatten die wirklich mit dem Alki
eine Rechnung offen? Oder war das
ein mieser Scherz, den sie sich
mit einem Wehrlosen erlaubten?
Sie hatten sich nüchtern angehört

und ziemlich gemein. Ich steckte
die letzte Zeitung in einen Briefkasten.
Kann mir doch egal sein,
was sie mit dem Typen gemacht haben!
Vielleicht ist er krank, genau wie Walter,
meldete sich meine innere Stimme. Na und?
Soll er sich eben behandeln lassen, verdammt!

Ich beeilte mich. Wollte diesmal vor Arne
am Treffpunkt sein.
Der Wind blies immer noch kalt,
doch ich schwitzte vom Rennen.
Eine Straßenlaterne warf Licht auf die
Reklamewand gegenüber.
Das Mädchen, das für Eiscreme warb,
sah Gianna ähnlich.
Doch Giannas Lachen war wärmer.
Ich sah ihr Gesicht vor mir. Die Augen,
von denen jedes Gefühl deutlich abzulesen war.
Darunter die gerade Nase und der Mund
mit den weichen roten Lippen. Weich – das
Wort fiel mir immer als Erstes zu Gianna ein.
Dabei konnte sie auch knallhart sein.

Wenn sie richtig wütend wurde,
sprühten die Augen regelrecht Funken.
Blau, grau oder grün – je nach Licht.
Plötzlich packte mich eine solche Sehnsucht,
dass ich am liebsten auf der Stelle
zu ihr gefahren wäre.

Von Arne keine Spur. Ich fing an zu frieren.
Irgendwas stimmt nicht. Ich wollte schon los
und ihn suchen, da sah ich ihn um die Ecke
biegen. Auffällig langsam. Dann bremste er.
Stieg vom Roller und humpelte auf mich zu.
„Scheiße", stöhnte er. „Wenn's nicht so
blöd wär, wär's zum Lachen."
Ich sah ihn fragend an.
„Bin gestolpert. Auf 'nem Werkstatthof."
Vorsichtig zog er das rechte Jeansbein hoch.
Ich zuckte zusammen. „Sieht das wüst aus."
Arne biss sich auf die Lippen.
„Das musst du nähen lassen. Sofort. Und
was ist mit Tetanus? Wann bist du zuletzt
geimpft worden?"
„Keine Ahnung."

„Wir fahren gleich ins Marienhospital."
„Klar doch, Doc." Arne versuchte zu lächeln.
Es wurde nur eine schiefe Grimasse.

Die Schwester
in der Ambulanz
war freundlich.
Wir mussten

kaum warten. Aber Arne hatte
die Krankenkassen-Karte nicht dabei.
„Ich fahr sie holen", schlug ich vor.
„Bring's meiner Mutter ja schonend bei!",
ermahnte mich Arne. „Sonst denkt sie,
das Bein würde amputiert."
„Spinner", sagte ich grinsend und ging.
Ein rötlicher Lichtstreifen überzog den
Himmel, als ich wieder am *Stern* vorbeifuhr.
Inzwischen war es hier ruhig. Ein friedlicher
Samstagmorgen in einem harmlosen,
friedlichen Stadtteil. Ich atmete tief durch
20 und bog in die Bachstraße ein.
Arne wohnte in Nummer sieben.
Kaum hatte ich geklingelt,

da summte auch schon der Türöffner.
Ich rannte die Treppen hoch.
Arnes Mutter stand in der Tür.
Ihr Bademantel spannte über der Brust.
Ich guckte verlegen auf die nackten Füße
mit den dunkelrot lackierten Nägeln.
„Nicht erschrecken, Frau Grenzmann“,
murmelte ich. „Arne ist gestolpert,
hat sich das Bein verletzt. Die Wunde wird
im Marienhospital versorgt
und die Tetanusimpfung aufgefrischt.
Er braucht die Krankenkassen-Karte.“
Mensch, redete ich geschwollen!
Es ärgerte mich, dass die Mutter
meines Freundes mich so durcheinander brachte.
„Gestolpert?“, fragte sie ungläubig.
„Kein Unfall mit dem Roller?“
Ich schüttelte den Kopf.
Der Schreck in ihren Augen verflog.
Sie ging vor mir her in die Wohnung.
Kramte die Karte aus einer Schublade
und gab mir Geld für Brötchen.
„Wir frühstücken zusammen, wenn du magst.“

„Ich mag“, rief ich im Gehen. „Aber ich hab nicht viel Zeit.“
Warum konnte ich nicht auch allein
mit meiner Mutter leben?
Walter machte sowieso nur Ärger.
Ich sah auf die Uhr.
Mama musste inzwischen zu Hause sein.
Arme Mama.

4

Als ich zurückkam, saß Arne im Wartezimmer. Hielt sich die Nase zu. Deutete mit dem Kopf in die gegenüberliegende Ecke. Da saß jemand und schlief. Stank mächtig nach Kneipe. Natürlich musste ich an meinen Vater denken. Und an die Szene vorm *Stern*.

„Was ist mit dem Typen?“, fragte ich leise.

„Der ist hackendicht. Behauptet, man hätte ihn überfallen und ausgeraubt.“

„Waas?“

„Die Platzwunde am Kinn musste genäht werden. Kannste nicht sehen, so wie er da im Sessel hängt.“

„Woher weißt du das alles?“

„Hat er mir selbst erzählt.“

„Und jetzt lassen die ihn hier pennen?“

„Seine Frau holt ihn angeblich ab.“

„Hat er gesagt, wo ihm das passiert ist?“

„Ich hab ihn doch nicht verhört!“

Arne tippte sich an die Stirn.
Der Schnarcher verstummte.
Dann hob er den Kopf, als ob er mir
die Naht am Kinn zeigen wollte.
„Hab euch nichts getan“, winselte er.
Die Stimme erkannte ich wieder.
„Ist ja schon gut.“ Arne redete dem Mann
beruhigend zu wie einem verängstigten Kind.
„Hier tut Ihnen keiner was.“
Und wirklich, der Mann war still
und schloss die Augen.
„Hast du die Karte?“, fragte Arne.
„Gib sie der Schwester und wir zischen ab.
Auch wenn der Typ mir irgendwie Leid tut.“
Ich zog die Karte aus der Tasche.
Doch meine Augen und Ohren waren
bei dem Mann, der jetzt leise
vor sich hin grummelte.
Arne stand auf. Er stöhnte.
„Sie haben mir eine Spritze gegeben,

aber beim Laufen tut’s trotzdem weh.“
„Stütz dich auf mich. Dann kannst du
das Bein entlasten.“

„Ja, Doc. Ich probier's."
„Mensch, hör auf damit!" Ich hasse es,
wenn er mich Doc nennt.
„Sorry. War nicht so gemeint."
„Und wie war's gemeint?", fragte ich scharf.
„Ach, ich bin sauer auf mich, weil ich
das Wochenende vermasselt hab
mit dem blöden Sturz. Und dann hat mich
der Typ hier genervt mit seinem Theater.
Ich wollte dich ehrlich nicht ärgern."
Ich nickte. „Schon gut."
„Du willst doch immer noch Arzt werden, oder?"
Was fragte er denn? Das stand
seit Ewigkeiten fest. Schon als Kind haben
Mamas medizinische Bücher mich mehr
interessiert als Bilderbücher. Mama ist
Krankenschwester. Find ich gut. Aber sie
muss tun, was die Ärzte sagen. Ich wollte
selbst herausfinden, was den Leuten fehlt
und wie ich sie gesund machen könnte.
„Wenn du ein noch so guter Arzt bist,
hängt das nicht allein von dir ab",
hat Mama mal gesagt. „Manche Krankheiten

lassen sich eben nicht heilen. Und wenn
der Patient nicht mitmacht, bist du oft
ganz schnell am Ende mit deiner Kunst."
Klar, wusste ich auch. Doktor Bronner hat
sich ein halbes Jahr lang gründlich
um Walter gekümmert. Wenn der wüsste,
dass sein Patient nach so kurzer Zeit
wieder umgekippt war! Und dabei hatte
Walter doch mitgemacht, soweit ich
das beurteilen konnte. Also – wollte ich
wirklich immer noch Arzt werden?

Arne humpelte schweigend neben mir her.
Wir waren inzwischen bei der Pforte
vom Krankenhaus angelangt.
„Ich weiß es selbst nicht mehr", sagte ich.
„Was?", fragte Arne.
„Ob ich noch immer Arzt werden will."
Erstaunt sah er mich an, sagte aber nichts.

Ich kaufte Brötchen, Arne quälte sich
auf den Roller und wir fuhren zu ihm
nach Hause. Seine Mutter hatte schon

den Tisch gedeckt. Sie trug jetzt Jeans
und einen schwarzen Rollkragenpullover.
Gut sah sie aus. Und so jung, als wäre sie
Arnes ältere Schwester.
Arne erzählte gerade von seinem Sturz
und vom Krankenhaus.
Er ahmte den Betrunkenen nach. Völlig echt.
„Als ob den jemand überfallen hätte“,
sagte er schließlich. „Der wollte nur nicht
zugeben, dass er sein Geld versoffen hat.“
„Glaub ich nicht.“
Ich beschrieb mein Erlebnis vorm *Stern*.
„Kotz, würg!“ Arne stellte seine Tasse

so heftig ab, dass der Kaffee überschwappte.
„Die Typen kann man doch nicht einfach
weiter machen lassen!"
„Vielleicht war's ja 'ne einmalige Sache."
„Und wenn nicht?"
Arnes Mutter schnipste Brötchenkrümel
vom Tisch. „Kann gefährlich werden,
wenn ihr euch einmischt. Vielleicht würde es
ja reichen, der Polizei einen Wink zu geben?"
„Gut, dass dein Vater …" Arne brach ab.
Er schien sich daran zu erinnern, dass Walter
Alkoholiker war. Bloß glaubte er wie ich
bis gestern, dass mein Vater trocken wäre.
„Er hat wieder angefangen", brach es aus mir
heraus. „Deshalb war ich heute Morgen zu
spät."
„Oh Scheiße", sagte Arne und seine Mutter
sah mich erschrocken an.
Ich sprang auf. „Wird schon werden.
Danke fürs Frühstück. Ich muss los."

5

Mama stand in der Küche und klammerte
sich an einem Stuhl so fest, als ob ihr
schwindelig wäre.
„Setz dich doch erst mal“, sagte ich.
„Gianna hat angerufen“, brachte sie mit Mühe
heraus. „Sie kommt am Nachmittag vorbei.“
Ich wartete auf einen Kommentar zu Walter.
Doch Mama ließ sich auf den Stuhl fallen
und schwieg.
„Wo ist er?“, fragte ich.
„Im Bett.“
„Du hast ihn allein dahingekriegt?“
„Er hat mitgeholfen. War nicht so schlimm.“
„Nicht so schlimm?“, wiederholte ich böse.
Tränen liefen wie dicke Regentropfen
über ihr blasses Gesicht.
„Schick ihn zum Teufel!“, schrie ich.
„Du weißt, dass er dann weitermacht.“
Sie schob sich eine Haarsträhne hinters Ohr.

Kaute auf ihrer Unterlippe wie ein kleines
Mädchen.
Wie Mama und Walter sollten Eltern nicht
sein. Kinder muss man beschützen,
solange sie klein sind. Und loslassen,
wenn sie älter werden. Das hab ich in
Pädagogik gelernt. Bin ich vielleicht
der Erwachsene in dieser Familie?,
hab ich oft gedacht, wenn meine Eltern
mir vorgekommen sind wie Kinder,
die um Hilfe betteln.
Ich bin dreizehn. Es ist Sonntag. Ich hasse
Sonntage. Mama und ich sitzen am Tisch.
Stumm. Ich zwinge mir das Essen rein,
damit sie nicht umsonst gekocht hat.
Damit sie nicht noch trauriger wird.
Sonntags gibt es meistens Auflauf,
den kann Mama im Backofen warm halten.
Jetzt ist der Käse auf dem Broccoli kalt,
zieht sich wie Kaugummi und schmeckt
30 *bitter. Ich starre zum Fenster.*
Höre Schritte in meinem Kopf.
Jede Minute ein zwanghafter Blick auf die Uhr.

Was ist das, Zeit? Mal dehnt sie sich endlos,
mal verfliegt sie im Nu.
„Mama, was hast du jetzt vor?“
„Ich weiß es nicht.“
„Walter muss in die Klinik zurück.“
„Dann verliert er den Job. Die halten
ihm die Stelle doch nicht frei.“
Sie rieb sich die Augen.
„Den Job verliert er so oder so.“
„Du bist ungerecht.“
„Du bist blind, Mama. Er hat wieder
angefangen. Hat sich zugesoffen.
Hätte die Bude in Brand stecken können ...“
„Er hat mir versprochen ...“
„Mama!“
Ich wollte sie zwingen mich anzusehen,
aber sie wich meinen Blicken aus.
„Schlaf erst mal ein bisschen“,
versuchte ich so sanft wie möglich zu sagen.
„Und dann überleg es dir in Ruhe.“
„Ich kann jetzt nicht schlafen“, sagte sie
leise. „Und da gibt’s nichts zu überlegen.
Ich lass ihn nicht im Stich.“

Walter hatte uns jahrelang
das Blaue vom Himmel versprochen. Mama
musste das Spiel doch durchschauen.
Sie kannte sich mit Krankheiten aus.
Trotzdem steckte sie den Kopf in den Sand.
„Du willst es nicht wahrhaben, Mama."
Sie reagierte nicht.
„Wenn das so ist, dann zieh ich hier aus."
Erschrocken sah sie mich an.
„Wo willst du hin?"
„Werd schon was finden."
„Matthias ...", sie fing an zu schluchzen.
Ich kam mir vor wie ein gefühlloses Monster.
Doch ich wollte mich nicht wieder
kleinkriegen lassen. Nicht mit Worten.
Nicht mit Tränen.
Mama wäscht ab. Die Spülmaschine ist kaputt.
Eine neue können wir uns nicht leisten und
die alte zu reparieren lohnt sich nicht mehr.
Meine Hände polieren mit dem Trockentuch
ein Glas. Es glänzt, als wollte ich einen
Spülmittel-Wettbewerb gewinnen. Nebenher
probiere ich im Kopf kindische Beschwörungs-

formeln aus. Wenn das Geschirr keine
Flecken hat … wenn ich fünfmal
hintereinander die Uhrzeit richtig geraten
habe … wenn … kommt Walter nach Hause.
„Geh ihn suchen, Matthias, bitte!“
Ich stelle mich taub.
„Wenn ich gehe, wird er wütend“,
sagt sie mit unangenehm hoher Stimme.
Ich ziehe die Schultern hoch. Sie weint.
„Schon gut.“
Auch meine Stimme klingt unangenehm.
Ich bin böse auf Walter und Mama
und mich und die ganze Welt.
Hab Lust, das glänzende Porzellan
gegen die Wände zu schleudern.
Doch ich beiße wie üblich
die Zähne zusammen und geh.

6

„Gianna?“

„Ja?“

Laura räkelte sich. Stand auf und lief
zum Bett ihrer Schwester.
Gianna machte ihr Platz.
„Madonna mia.“ Laura schnüffelte.
„Es riecht schon wieder nach Pizza.
Mir dreht sich der Magen um.
In meinem späteren Leben werde ich
nie wieder Pizza und Pasta anrühren.“
Gianna verschränkte die Arme hinterm Kopf.
„In deinem späteren Leben wirst du als
komische Nummer mit Arne auf der Bühne
stehen. Oder verrückte Bücher schreiben.“
„Warum nicht?“
„Oder“, Gianna grinste, „ihr kriegt lauter
niedliche kraushaarige Oberchaoten. Und
dann gibt's doch wieder Pizza und Pasta
wie in Papas guter alter Pizzeria.“

„Und du“, Laura grinste jetzt auch, „wirst deinem Matthias die Arztkittel waschen.
Ihm das Leben angenehm machen.
Brauchst keine Angst zu haben, dass eine von den smarten Krankenschwestern oder Labormäusen ihn dir ausspannt. Weil du einfach die Schönste bist.“
„Übertreib nicht wieder. Die Kittel werden übrigens in der Klinik gewaschen. Und ich will selbst Medizin studieren.“
„Weiß ich. Papa hätte fast einen Herzinfarkt ...“
„Fiese kleine Laura ...“
„Machen wir lieber Pläne für heute Abend.“
„Hätte Lust, mal wieder richtig abzutanzen.“
Gianna seufzte. „Aber ich werde Matthias kaum dazu kriegen.“
Laura streckte einen Fuß aus dem Bett.
„Wenn ich über die ernsteste Person schreiben sollte, die ich kenne ...“
„Würdest du dir Matthias aussuchen“, unterbrach Gianna. „Stimmt, er nimmt alles sehr ernst. Sich selbst, die Schule, das ganze Leben.

Manchmal denk ich, er ist
als Einziger von uns schon erwachsen."
„Mit siebzehn erwachsen. Grauenhaft!"
„Er war immer ernst, schon in der 5. Klasse,
weißt du noch?"
„Vielleicht muss er sich ständig beweisen,
wie perfekt er ist."
„Und wenn er nicht anders kann?"
Gianna überlegte. „Vielleicht gibt ihm
sein Perfektionismus Sicherheit."
„Kommt das nicht auf dasselbe raus?"
„Auf jeden Fall ist es keine Angeberei."
„Ich weiß, dass Matthias kein Angeber ist.
Aber mit Arne kann man besser lachen."
Laura lief zur Kommode. Zog
eine Schublade auf und kramte herum.
„Hab neulich alte Tagebuchnotizen gefunden.
Lies mal."
Waren heute mit der Clique im Kino.
Auf dem Hinweg packte Gianna plötzlich

meinen Arm und flüsterte: „Madonna!"
Da erst hab ich die zwei auf der anderen
Straßenseite gesehen. Matthias und seinen

sturzbetrunkenen Vater. Am Sonntag-
nachmittag!
Es passte nicht! Matthias, das Superhirn.
Der selbst in Sport der Beste ist.
Dem keiner ans Bein pinkeln kann.
Und sieht auch noch klasse aus!
Zu so einem stellst du dir keinen Vater vor,
der von seinem Sohn nach Hause geschleift
werden muss. In unserer Pizzeria trinkt
auch mal einer ein Glas zu viel. Aber Papa
passt wahnsinnig auf. Er zeigt den Leuten
auf freundliche Weise, wann es genug ist.
Wenn einer frech wird, schmeißt er ihn raus.

Und er selbst trinkt nie mehr als er
vertragen kann. Solche Gedanken schossen mir
durch den Kopf.
„Glotz nicht so“, zischte Gianna.
Dabei glotzte sie genauso wie ich.
Matthias tat mir echt Leid, obwohl ich
Streber nicht ausstehen kann.
Und meine Schwester tat mir auch Leid.
Ich wusste, dass sie seit unserer Klassenfahrt
in Matthias verliebt war.
Ausgerechnet in ihn …
Gianna seufzte.
„Schrecklich. In dem Moment hab ich begriffen,
warum Matthias nicht mit uns ins Kino wollte.
Und warum er mir aus dem Weg gegangen ist.“
„Bis er sich mit Arne angefreundet hat.
Da ist er langsam aufgetaut, der Eisklotz“,
überlegte Laura.
„Eisklotz ist unfair“, beschwerte sich Gianna.
„Aber als ihr zusammengekommen seid …“

Lauras angefangener Satz blieb
in der Luft hängen, als es klopfte.
„Ragazze, wollt ihr den Tag verschlafen?“

Nonnas runzliges Gesicht erschien in der plötzlich geöffneten Tür.
„Hab euch Frühstück gemacht."
Zärtlich betrachtete die alte Italienerin ihre Enkelinnen.

7

Ich fuhr zu Mahagoni. Samstagvormittags
hatte er seinen Laden geöffnet. Wenn er
nicht bei einer Haushaltsauflösung
oder auf einer Antiquitätenmesse war.
Ich hab ihn kennen gelernt, als
Frau Schröder von nebenan ins Altersheim kam.
Frau Schröder hab ich gemocht. Sie war nicht
wie Frau Mensching auf der anderen Seite.
Die lauerte hinter der Gardine,
wenn ich loszog, um Walter zu suchen.
„Eine Schande, dieser versoffene Kerl mit
der tüchtigen Frau und dem armen Jungen,
der ihn von seinen Sauftouren nach Hause
holen muss“, posaunte sie in der Gegend herum.
Frau Schröders Tochter hatte Mahagoni
beauftragt, das Haus leer zu räumen.
40 „Mein Helfer hat mich versetzt“,
erklärte er mir, als ich zufällig vorbeikam.
„Könntest du einspringen?“ Ich konnte.

Wir haben die Sachen zusammengepackt
und die Möbel aus dem Haus gewuchtet.
Das menschliche Skelett aus dem Arbeitszimmer
des früheren Hausherrn durfte ich mitnehmen.
Doktor Schröder hatte viele Jahre als Chirurg
im Städtischen Krankenhaus gearbeitet.
Mama war als Schwesternschülerin
in seiner Abteilung gewesen.
„Komm mich mal in meinem Laden besuchen“,
hat Mahagoni gesagt, als wir fertig waren
und er mich großzügig bezahlte.
Mit dem Laden hatte ich nichts am Hut.
Aber die Werkstatt mochte ich.
Schon wie es da roch! Nach Holz und Leim,
Leinöl und Bienenwachs. Mahagoni zeigte mir,
was man mit alten Möbeln machen kann.
Seitdem jobbte ich bei ihm. Der Mann
und seine Art zu leben faszinierte mich.
Er konnte Stunden geduldig an etwas
herumwerkeln und dabei Musik hören.
In seiner Wohnung über der Werkstatt
standen nur wenige alte Möbel.
Die aber waren wunderschön. Und als Kontrast

dazu hingen moderne
Bilder an den Wänden.
Wahnsinnsfarben und
Wahnsinnsformate.
Mahagoni war
Schreiner.
„Holz lebt unter
deinen Händen!“
Am liebsten hatte er
Möbel aus Mahagoni.

War vernarrt in das rotbraune Holz.
„Aber nicht in Brasilien abholzen und
die Natur zerstören“, knurrte er.
„Aufarbeiten, was wir schon haben!
Es wird viel zu viel weggeworfen.“
„Herr Mahagoni“ hab ich eines Tages zu ihm
gesagt, gespannt, wie er das aufnehmen würde.
Er hat nur gegrinst und gemeint:
„Den *Herrn* lass man weg.“
So fing unsere Freundschaft an. Freunde.

Das Wort ließ mich innerlich zusammenzucken.
Arne. Gianna. Laura. Und Mahagoni.
Es kam mir immer noch vor wie ein Wunder.

Ich dachte an die Jahre zurück, in denen ich
keinen Menschen in meine Nähe gelassen habe.
Ich höre Walter im Bad. Höre die Klospülung.
Er kotzt sich wieder die Seele aus dem Leib.
Die Küche ist ein einziges Chaos. Wenn das
unsere Untermieter sehen, sind wir die los.
Mama ist arbeiten, also muss ich aufräumen.
Ich kämpfe mich verbissen durch den Dreck.
Erst als ich fast fertig bin, entdecke ich
den Zettel auf der Fensterbank.
„… kündigen wir das Mietverhältnis.
Wir ziehen heute noch aus …“
Als Mama heimkommt, traue ich mich kaum
es ihr zu sagen. Sie drückt mich kurz
an sich. Dann geht sie in die Küche,
schlurfend wie eine alte Frau.
Wie hätte ich da jemanden mit nach Hause
bringen können? Das heißt, eine Zeit lang
hat Walter nur am Wochenende getrunken.
Ging sonntags zum *Frühschoppen*,
was sich oft bis zum Abend hinzog.
Dann war er montags noch angeschlagen.
Schließlich wurden die Foto-Aufträge weniger

und er fing an,
auch in der Woche
den Alkohol nur so
in sich reinzukippen.
Wenn Mama dann
weinte oder wenn
wieder alles Geld
weg war, hat er
manchmal eine Zeit
lang aufgehört.

Und wir haben gehofft und gehofft,
bis zu seinem nächsten Rausch.
Das alles wieder von vorn? Nicht mit mir!

Geöffnet. Ich atmete auf, als ich das Schild
im Schaufenster des Antiquitätenladens sah.
Die Werkstatt lag gleich daneben. Ich klopfte
und stieß die Tür auf. „Morgen, Mahagoni!"
Ich versuchte unbeschwert zu klingen.
„Morgen, Matthias, hab schon
auf dich gewartet."
Mahagoni leimte Bilderrahmen. Auf dem Tisch
standen eine Warmhaltekanne und ein Becher

mit Kaffee. Die Pfeife lag gestopft daneben. Mahagoni war Mitte sechzig und unglaublich geschickt. Mit seiner Baskenmütze sah er aus wie ein Südfranzose.
„Nimm dir Kaffee“, forderte er mich freundlich auf.
„Danke, hab eben erst gefrühstückt.“
„Nächste Woche muss ich über Land, ein Bauernhaus leer räumen. Könnte dich gut gebrauchen.“
„In Ordnung.“ Ich überlegte, wie ich am besten mit meiner Frage rausrücken könnte.
„Ist nicht weit. So zehn Kilometer von hier“, erklärte Mahagoni.
„Kein Problem, ich bin dabei“, versicherte ich ihm.
„Aber?“ Er musterte mich. „Stimmt was nicht?“
„Hm. Wollte bloß fragen, ob … ich vielleicht vorübergehend in deiner Werkstatt wohnen kann?“
Überrascht sah er mich an.
Trank einen Schluck Kaffee
und ließ mich nicht aus den Augen.

„Knatsch zu Hause?“, fragte er schließlich.
„Walter … hat wieder angefangen zu trinken.“
Er kratzte sich am Kopf.
„Und meine Mutter“, fuhr ich fort,
„die glaubt tatsächlich, dass er das allein
unter Kontrolle kriegt.
Aber ich mach nicht mehr mit.“
„Und was hat sie gesagt?“
„Sie hat geweint, hat sich benommen
wie ein Kind“, stieß ich hervor.
„Weiß dein Vater schon, dass du wegwillst?“
„Der schläft gerade seinen Rausch aus.“
Mahagoni zog an seiner Pfeife.
„Verdammt schwierig. Sicher kannst du
hier wohnen. Wann willst du einziehen?“
„Am liebsten heute Abend. Wenn meine Mutter
zum Nachtdienst muss.“
„Damit du es dir nicht noch anders überlegst?“
„Damit ich ihr nicht noch mehr wehtue.“
Ich wusste, dass das eine Ausrede war.

Mahagoni hatte den Nagel
auf den Kopf getroffen.
Ich könnte nicht aushalten,

unter Mamas Augen zu packen. Es war mir
vorhin verdammt schwer gefallen abzuhauen.
Die Ladenklingel ging.
„Machst du mit den Rahmen weiter?“,
fragte Mahagoni. Ich war froh, dass er
eine Weile mit Kunden beschäftigt war.
Froh, dass er mich bei sich wohnen ließ.
Aber so richtig froh würde ich
in nächster Zeit nicht werden.
Die Werkstatt war ja ganz praktisch
zum Arbeiten, aber ein gemütlicher Schlafplatz
war sie nicht.
„Räum dir die Abstellkammer leer,
da steht sowieso nur Krempel drin“,
brummelte Mahagoni, als er zurückkam.
„Matratzen hab ich genug, kannst dir eine
aussuchen und was du an Möbeln brauchst.“
„Ich brauch nicht viel. Bald such ich mir
ein billiges Zimmer.“
„Ein billiges Zimmer ist immer noch zu teuer.“
Mahagoni goss sich Kaffee nach. „Probier’s
halt bei mir, dann sehen wir weiter.“
An die Abstellkammer hatte ich nicht gedacht.

Der kleine Raum war voll gestopft mit Kartons,
Farbtöpfen, kaputtem Kinderspielzeug.
Ich schleppte alles in den Hof und
Mahagoni entschied, was er behalten wollte
und was zur Müllkippe kam.
Dann putzte ich gründlich den Boden und
das Fenster. Ich hatte bei uns oft geputzt.
Hausarbeit war für mich kein Problem.
Ich fand einen schmalen Tisch und zwei
leichte Stühle im Möbellager vom Laden.
Mahagoni half mir mit der Matratze
und dem Schrank. Mittags sah das Zimmer
schon ganz passabel aus.
Ich hab zum ersten Mal Sommerferien.
Wir ziehen in Omas Haus, das Mama geerbt hat.
Mit seinen verschiedenen Anbauten
kommt es mir vor wie ein kleines Schloss.
Wir renovieren sämtliche Zimmer.
Einen Teil wollen wir vermieten.
Das Geld brauchen wir für Reparaturen
und eine neue Heizung. Ich darf mithelfen,
die alten Tapeten abzureißen. Und beim
Überstreichen der Raufasertapete.

Es macht Spaß. In meinem Zimmer
streichen wir die Wände gelb
und die Decke blau. Walter malt mir
eine Sonne an den Deckenhimmel.
Eine große lachende Sonne.
„Bis heute Abend!“ Mahagoni drückte mir
einen Schein in die Hand.
„Ich will kein Geld“, protestierte ich.
„Hab doch für mich gearbeitet.“
„Hast mir ein Fremdenzimmer hergerichtet.“
Er grinste. „Wenn du ausziehst,
kann ich's vermieten.“

8

Gianna hatte es sich schon auf meinem Bett
bequem gemacht, als ich zurückkam.
Und da wurde mir erst so richtig klar,
dass es für uns beide aus war mit unserer
Insel der letzten beiden Jahren.
Und dass ich ihr beibringen musste …
Beunruhigt sah sie mich an. Zog mich
zu sich runter und küsste mich, bevor
ich mich zum Reden überwinden konnte.
„Was ist los?“, fragte sie. „Deine Mutter
sieht auch ziemlich fertig aus.“
Ich brachte es nicht über die Lippen.
Schon gar nicht, wenn ich an damals dachte,
an den grauenhaften Sonntag.
*Walter und ich auf dem Weg von der Kneipe
nach Hause. Ein Horrortrip. Es passiert,*
50 *wovor ich schon immer Angst gehabt habe.
Leute aus meiner Klasse begegnen uns.
Auch Arne. Und Gianna. Arne sitzt seit kurzem*

neben mir. Er ist in Ordnung.
Stempelt mich nicht als Streber ab.
Ich hätte ihn gerne als Freund.
Und Gianna? Seit der Klassenfahrt muss ich
dauernd an sie denken. In Französisch
sitzt sie vor mir. Manchmal durchzuckt es
mich wie ein körperlicher Schmerz, wenn ich
sie ansehe und nicht berühren kann.
Ich hab das Gefühl, dass ich ihr nicht ganz
gleichgültig bin.
Die da drüben sind auf dem Weg zum Kino.
Ob ich mitkomme,
hat Gianna mich am Freitag gefragt.
„Sonntag kann ich nicht. Tut mir Leid."
Ich hab Gianna einfach stehen lassen
aus Angst vor weiteren Fragen. Was sollte
sie von einem wie mir schon halten?
Und jetzt ihre erschrockenen Augen!
Walter, ich hasse dich!
Diese verdammten Erinnerungsbilder.
Giannas Haare fielen sanft über mein Gesicht.
Da fing ich plötzlich an zu heulen.
Konnte die Tränen nicht stoppen.

Seit Ewigkeiten hatte ich nicht mehr geweint,
und jetzt heulte ich wie Mama heute Morgen.
Heulte wie ein bescheuerter Softi.
„Poverino“, murmelte Gianna in mein Haar
und hörte nicht auf, mich zu streicheln.
Langsam beruhigte ich mich wieder.
„Sorry“, sagte ich.
„Sorry?“, fuhr Gianna auf. „Dürfen Männer
nicht weinen?“ Ich zog die Schultern hoch.
„Ist nicht dein Ernst.“ Ihre Stimme klang
energisch. „Wenn du weinst, wirst du auch
einen Grund dafür haben.“
Da erzählte ich doch von Walter.
Obwohl ich nicht seinetwegen geweint hatte.
Gianna schwieg lange, bevor sie fragte:
„Und was jetzt?“
„Ich hab Mama gesagt, dass ich ausziehe,
wenn sie wieder nachgibt.“
„Das willst du wirklich?“
„Ja. Ich ziehe zu Mahagoni. Heute noch.“

„Obwohl die beiden dich vielleicht
gerade jetzt dringend brauchen?“
„Mach mir kein schlechtes Gewissen!“

„Nein“, sagte sie. „Du hast ja Recht.“
„Aus Angst um den Job will Walter nicht
in die Klinik zurück. Mama muss doch sehen,
dass er immer noch Hilfe braucht.
Die kann sie ihm nicht geben.
Sonst wäre er nicht wieder abgerutscht.“
„Das ist alles so kompliziert.“
Gianna stand auf und ging zum CD-Player.
Suchte unsere Lieblingsmusik, die wir in der
ersten Zeit so oft zusammen gehört haben,
im Frühling vor fast zwei Jahren.
Dann drehte sie sich zu mir um und
sah mich an. In ihrem Blick war so viel
Zärtlichkeit, dass ich mich zusammenreißen
musste, um nicht wieder loszuheulen.
Ich nahm sie in die Arme.
Und während wir uns küssten, wünschte ich
mich mit ihr zusammen weit weg,
irgendwohin, wo niemand unser Leben
durcheinander bringen konnte.
Dann begleitete ich Gianna bis vors Haus.
„Wir treffen uns heute Abend bei Arne
und gucken Videos“, sagte sie noch.

„Mit dem Ausgehen wird's nichts. Sein Bein, du weißt ja."
„Ich komme, sobald ich mit dem Umzug fertig bin."
„Kann ich dir helfen?"
„Das mach ich besser allein."
„Also bis heute Abend."
Ich zog Gianna noch einmal an mich. Atmete ihren Geruch ein.
„Steh's gut durch!", murmelte sie, bevor sie sich von mir losmachte.
Sie ging mit schnellen, leichten Schritten. Ihre Haare wehten durch den grauen Nachmittag wie Sonnenstrahlen an einem kühlen Vorfrühlingstag.
Einen kurzen Moment war ich glücklich.

9

Walter saß im Wohnzimmer. Vor sich
ein Glas Mineralwasser. Er hob den Kopf,
als ich reinkam. Seine Augen waren verquollen.
Das Gesicht unnatürlich grau. Beinah ängstlich
sah er mich an. „Matthias …“ Er schien
nach Worten zu suchen und ich dachte:
Komm mir nicht wieder
mit deinem Selbstmitleid.
„Junge, glaub mir, es war nur ein Ausrutscher.
Margit …“
„Mama ist verrückt“, sagte ich.
„Red nicht so von ihr.“
„Sie ist verrückt“, schrie ich, „wenn sie
immer wieder auf dich reinfällt.
Ausrutscher. Ist wohl ’n Witz! Glaubst du
doch selber nicht!“
„Dann gibst du mir keine Chance?“
„Nicht, wenn du hier bleibst und so tust,
als wäre alles in Ordnung.“

„Matthias.“ Wild drehte er sein Glas in den
Händen. War ganz aus der Fassung geraten.
Und ich musste höllisch aufpassen,
dass er mir nicht wieder Leid tat.
„Junge“, druckste er herum. „Hör mir kurz zu!
Ich will dir ja nur erklären,
wie es dazu gekommen ist.“
„Das interessiert mich nicht.“
„Ich sollte für den Stadtanzeiger Fotos
von ein paar Leuten machen, die so ein
Energie-Projekt starten, Treffpunkt war
beim *Stern* … Herrgottnochmal, hast du
eine Ahnung, was das für mich heißt …“
„An jeder Ecke dieser Stadt gibt es
eine Kneipe, das weißt du besser als ich“,
sagte ich so ruhig ich konnte. „Hör auf
um Verständnis zu betteln. Oder um Mitleid.
Ich hab's einfach nicht mehr. Du hast
all die Jahre zu viel verlangt.“
Er starrte mich an, stellte das Glas ab.

So hatte ich noch nie mit ihm gesprochen.
Ich suche Kneipen ab, eine nach der anderen.
Jetzt steh ich in einem Wirtshausflur.

Mein Herz klopft. Ich will da nicht rein.
Ich hasse die Blicke. Den Geruch.
Das blöde Gequatsche.
Doch wegen Mama kann ich nicht
ohne Walter nach Hause kommen.
„Pass auf, Mann!“ Fast kriege ich die Tür
ins Kreuz. Ein Kerl stürzt an mir vorbei
in die Damentoilette. Hat sich so zugedröhnt,
dass er die Symbole nicht mehr unterscheiden
kann. Ich höre ihn pinkeln. Es klingt,
als ginge die Hälfte daneben.
Als der Kerl zurückgetorkelt kommt,
schlüpfe ich in die Nische neben dem
Zigarettenautomaten.
Jetzt sollte ich mir einen Ruck geben.
Gucken, ob Walter da drin ist.
Hinter der Tür mit dem Stimmengewirr.
Vielleicht hab ich Glück. Wenn nicht,
muss ich weiter suchen.
Plötzlich sah ich uns wie durch eine
superscharfe Brille. Walter, Mama und mich.
Immer in denselben Rollen, die keiner von uns
wollte und die wir doch jahrelang gespielt hatten.

Jetzt wuchs ich aus meiner Rolle heraus
wie aus zu klein gewordenen Schuhen.
Wenn nur diese wahnsinnige Wut
nicht gewesen wäre. Sie war so krass,
dass ich vor mir selbst erschrak.
Ich hab ihn endlich gefunden. Gehe auf ihn zu.
„Da kommt mein Matthias“, sagt er zu denen,
die mit ihm an der Theke rumhängen.
Der Stolz in seiner wackligen Stimme
macht mich verrückt. „Hör auf, bitte!“,
flüstere ich ihm zu. Doch er lässt sich
nicht bremsen. „Mein Junge. Groß geworden,
was? Hübscher Kerl und gescheit, sag ich euch.
Hat er vom Vater. Haha.“
Er greift nach dem Schnapsglas.
Ich überlege krampfhaft,
wie ich verhindern kann, dass er
von meinem Zeugnis anfängt. Aber er ist
schon dabei.
„Jahrgangsbester, mein Matthias. Lauter Einser.

Macht ihm so schnell keiner nach.“
Wie sie grinsen, diese Arschgesichter
mit ihren glasigen Blicken.

Ich will cool sein. So tun, als mache mir
das alles nichts aus. Ich hasse die Kerle!
Und trotzdem schäme ich mich vor ihnen.
Ich sah Walter an und wollte ihm so viel
sagen. Doch dann würden schreckliche Dinge
aus meinem Mund kommen. Wie eine Sturzflut,
die sich nicht aufhalten lässt,
sobald die Deiche gebrochen sind.
Und so brachte ich nur die zwei
lächerlichen Sätze zu Stande, die schon
den ganzen Tag mein Hirn quälten:
„Du weißt, dass du's allein nicht hinkriegst.
Du musst dich behandeln lassen."
Er wehrte ab. Griff nach dem Glas.
„Ich bin sechs verdammt lange Monate
dort gewesen. Das reicht. Eine Schwalbe
macht noch keinen Sommer und einmal …"
Er musste rülpsen und kam aus dem Konzept.
Das Glas in seinen
Händen zerbrach.
Ich verließ das Zimmer.
Er rief mir etwas nach,
das ich nicht verstand.

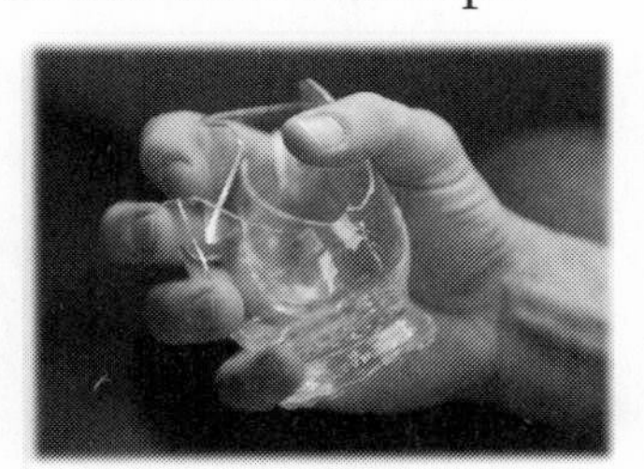

10

Bevor Mama zum Nachtdienst fuhr, kam sie
zu mir nach oben. Schon in der Tür fragte sie:
„Dein Entschluss steht fest?"
Ihre Stimme klang zittrig
und sie sah so deprimiert aus,
dass ich am liebsten Nein gesagt hätte.
Doch ich zwang mich zu einem schnellen,
harten Ja.
Es zuckte um ihren Mund.
„Und wohin gehst du?"
„Zu Mahagoni."
Sie nahm mich kurz in den Arm.
Vielleicht war sie erleichtert, dass ich
zu Mahagoni zog und nicht zu wildfremden
Leuten. Ich war ihr dankbar,
dass sie mir keine Vorwürfe machte
60 und nicht versuchte mich umzustimmen.
Sobald sie weg war, fing ich an zu packen.
Meine Sachen für die Schule und das Nötigste

zum Anziehen. Im Regal standen Alben
mit Fotos, die Walter vor Jahren für mich
eingeklebt hatte. Und meine erste Kamera.
Die hab ich zum Schulanfang bekommen.
Ich war damals ganz wild aufs Fotografieren.
Wollte können, was Walter konnte.
Wollte sein wie er.
Mama und Walter Hand in Hand
vor dem Gartentor.
Sie lächeln zu mir in die Kamera.
Ich knipse einen ganzen Film voll. 36 Fotos.
Alle unscharf. Alle mit diesem einen Motiv.
Ich stellte die Alben zurück und sah
aus dem Fenster. Es fing an zu schneien.
Dünne weiße Flocken verwandelten
das Stückchen Land da unten ganz allmählich.
Ich stand und sah zu. Konnte schwach
den Totempfahl erkennen, den Walter und ich
vor langer Zeit angefangen hatten zu schnitzen.
Ehe man stirbt, heißt es, läuft das Leben
vor einem ab wie ein Film. Dann war mein
Auszug wohl eine Vorbereitung aufs Sterben.
Tausend Erinnerungen drängten sich auf.

Wie oft hatte ich in den letzten zehn,
elf Jahren hier gestanden.
Ich steh am Fenster und warte auf Walter.
Sehe sein Auto in unsere Straße einbiegen.
Ich laufe raus, laufe zu ihm. Lachend
öffnet er den Kofferraum.
„Die Pflanzen gehören alle dir."
Er drückt mir eine Kiste in die Hände.
Ich hab mein eigenes Stück Garten.
Walter zeigt mir, wie man Beete bepflanzt.
„Samstag legen wir dir einen kleinen Teich an",
verspricht er.
„Bestimmt?"
„Bestimmt. Ich hab Seerosen
gekauft."
Am Samstag ist Redaktionsfest
bei einer der Zeitungen, für die Walter
als freier Fotograf arbeitet. Klar, dass er
mitfeiern muss.
„Das verstehst du doch, oder?"

Wie soll ein achtjähriger Junge verstehen,
dass Feste so lange dauern. Und dass man
am nächsten Tag im Bett liegt wie tot.

Oder Stunden auf dem Klo verbringt.
Die Seerosen vertrocknen.
Zuerst schneide ich ihnen die Köpfe ab.
Dann die Blätter. Einzeln.
Ich will keinen Garten mehr. Keinen Teich.
Keine Blumenwiese.

11

„He, Gianna, das Wochenhoroskop,
hör mal zu!“, rief Laura.
„Alles Quatsch.“ Gianna winkte ab.
„Spielverderberin!“ Laura ließ
die Zeitschrift auf den Tisch fallen.
„Also lies, kannst es dir ja doch nicht
verkneifen.“
Laura hob die Zeitschrift auf
und begann mit Radiostimme zu lesen.
„Sie träumen von einem anderen, bunteren
Leben. Von Spaß haben, Ausgehen, Feiern.
Aber wie soll das gehen, wenn Sie nicht
aus den gewohnten Bahnen ausbrechen?
Wagen Sie etwas! Fordern Sie auch
Ihren Partner heraus. Setzen Sie nicht
immer auf Sicherheit. Mit einem Klotz am Bein
kann niemand fliegen.“
Laura sah ihre Schwester herausfordernd an.
„Na?“, fragte sie.

„Und das soll speziell für mich gelten?“,
fragte Gianna genauso herausfordernd zurück.
„Hör mal, Zwillingsschwester ...“
„Na eben.“ Gianna grinste.

12

Ein Kombi hielt vor dem Haus.
Mahagoni holte mich ab, obwohl wir
das gar nicht ausgemacht hatten.
Walter hatte sich schon seit einer Weile
im Bad verschanzt.
Ich hörte von dort seine Mundharmonika.
Als hätte mir jemand einen Schlag versetzt,
blieb ich im Flur stehen.
Sah Walter in Gedanken vor mir,
wie er auf dem Klodeckel saß und spielte.
Es klang wie ein einsames Wimmern.
Verbissen baute ich meine Stereoanlage ab.
Lud mit Mahagoni meine Sachen in den Kombi.
„Tschüss, Walter!", rief ich, bevor ich
die Haustür endgültig zuwarf.
Keine Antwort. Nur die Mundharmonika.

Mahagoni sah mich von der Seite an.
Im Auto schwiegen wir weiter.
Erst als wir bei ihm ankamen, sagte Mahagoni:

„Herzlich Willkommen,
Matthias. Ich hab was
zu essen vorbereitet.“
Dankbar drückte ich
seine Hand.
Wir brachten meine
Sachen in mein neues
Zimmer.
Dann gingen wir
in Mahagonis Wohnung.

Wieder staunte ich, wie schön sie war.
Mahagoni hatte den großen Esstisch
in der Küche gedeckt. Ich strich über das Holz.
„Fasst sich gut an, ich weiß“, sagte Mahagoni.
„Wo hast du ihn her?“
„Von meinen Großeltern. Wenn er reden könnte,
der wüsste Romane zu erzählen.“
Mahagoni sah auf den Tisch
wie auf einen alten Bekannten.
Dann schob er mir die Salatschüssel hin.
„Italienische Soße. Selbst gemixt.“
„Du machst den Mantinis Konkurrenz“,
sagte ich bewundernd.

„Koch wär auch was für mich gewesen.
Ein kleines gemütliches Restaurant?“
„Aber dann waren dir Antiquitäten lieber?“
„Ich kann mehr für mich sein,
das brauche ich wohl“, sagte er knapp.
Aus dem Backofen roch es köstlich.
„Warum hast du dir so viel Mühe gemacht?“
„Eigennutz. Für zwei zu kochen
macht mehr Spaß.“
Er sagte das mit einem Lachen in der Stimme.
Doch ich grübelte darüber nach,
warum er wohl allein lebte.
„Du fragst dich, was ein alter Mann,
noch dazu solo, mit so einem großen
Küchentisch anfängt, stimmt's?“,
grinste Mahagoni. Ich fühlte mich ertappt.
„Ich frage mich manchmal,
warum du allein lebst“, gab ich zu,
erwartete aber keine Erklärung.
„Eine zu lange Geschichte für heute Abend.“

Mahagoni sah auf das Bild mit der Frau
im roten Kleid an der Wand gegenüber.
„Das ist Delphine. Wenn du länger bleibst,

wirst du sie kennen lernen. Meistens fahre ich
allerdings zu ihr."
„Nach Frankreich?"
Er schüttelte den Kopf. „Sie ist Französin.
Aber sie lebt schon lange in Deutschland.
Dreißig Kilometer von hier. Hat eine Galerie
für zeitgenössische Malerei.
Meine Lieblingsbilder hab ich von ihr."
Er stand auf und machte sich am Herd
zu schaffen.
„Der Nachtisch", sagte er. Und damit war
unser Gespräch über sein Privatleben beendet.
„Vanilleeis mit heißen Himbeeren."
„Aber ...", mein Einwand blieb
in der Luft hängen.
„Keine Angst." Er grinste wieder.
„Garantiert ohne Himbeergeist."

„Ich muss noch meinen Roller holen", sagte
ich schließlich, obwohl ich am liebsten bei
Mahagoni in der Küche sitzen geblieben wäre.
„Es kann spät werden, bis ich zurückkomme."
„Kein Problem. Kriegst sowieso einen Schlüssel.

Und was deine Freundin betrifft ..." Mahagoni
stieß Rauchkringel aus seiner Pfeife,
sah auf die Frau im roten Kleid und lächelte.
„Bist ein freier Mann, Matthias. Kannst
mitbringen, wen du willst."
Ich war erleichtert.
Bei Gianna konnten wir uns nicht treffen.
Wenn Laura bei Arne war, hatten wir zwar
das Zimmer für uns. Aber bei den Mantinis
war man nie sicher vor Verwandtschaft.
Musste immer damit rechnen, dass ein Kind
hereinstürmte und schrie: „Iiih, die knutschen!"
„Soll ich dich nach Hause fahren?",
fragte Mahagoni.
„Danke. Ich laufe lieber. Mir geht so viel
durch den Kopf."
Wir räumten gemeinsam ab und dann
machte ich mich auf den Weg.

Vom Schnee war auf den Straßen nur noch

ein schmutziger Rest zu sehen.
Unter meinen Füßen knirschte Sand.
Gianna wartete sicher schon bei Arne auf mich.

Trotzdem ging ich einen Umweg.
Wollte nicht wieder am *Stern* vorbei.
Hatte aber nicht bedacht,
dass der Umweg mich zum Stadtanzeiger
führen würde. Ich lief auf die Schaukästen
mit der Wochenendausgabe zu.
Vor Walters Fotos blieb ich stehen.
Ein Bild zeigte Männer, die Urkunden
in den Händen hielten. Das nächste
grinsende Gesichter hinter einem
gigantisch vergrößerten Scheck.
Dann war da eine ganze Seite
mit Fotos von Leuten, die bei dem Projekt
mitmachten, das Walter erwähnt hatte.
Ich dachte an die Kisten, die bei uns
zu Hause im Keller eingestaubt standen.
Mit einigen Fotoserien
hatte Walter Wettbewerbe
gewonnen, noch bevor es
mich gab.
Das wusste ich von Mama.
Die Aufnahmen,
zum Teil in Postergröße,

waren in Galerien und Museen
ausgestellt worden.
Manche von Walters Fotos hatten als Vorlage
für Theaterplakate gedient. Und jetzt?
Was war aus dem genialen Fotografen
Walter Keller geworden?
Ich las die Bildunterschriften und sah mir
die Fotos genauer an.
Auf die Schnelle geschossene, bescheuerte
Aufnahmen. Walter hatte kein Interesse
an den Leuten gehabt. Klar, Fotoreporter
müssen schnell sein. Können die Leute,
die sie fotografieren müssen, nicht groß
kennen lernen. Aber diese Gleichgültigkeit
passte nicht zu Walter.
Und warum fotografierte er nicht mehr
für sich – so wie früher?
Trank er, weil er sich aufgegeben hatte?
Oder hatte er sich aufgegeben, weil er trank?
Ich erinnerte mich an den Säufer in
Der kleine Prinz auf seinem einsamen Planeten.

13

Ins Haus ging ich nicht. Ich hatte noch
immer den Klang der Mundharmonika im Ohr.
Wie ein Dieb holte ich meinen Roller
und fuhr zu Arne.
Gianna machte mir auf. Sah mich an,
als wollte sie in meinem Gesicht lesen,
wie es mir in den letzten Stunden ergangen war.
„Mahagoni ist großartig“, sagte ich schnell.
„Er macht es mir leicht.“
„Wir gucken *Der Club der toten Dichter*.“
Gianna nahm meine Hand und wir gingen
die Treppen hoch. Auch Arne und Laura
sahen mich prüfend an, als wir reinkamen.
„Alles in Ordnung, wirklich“, sagte ich.
„Wir haben gerade erst angefangen.
Soll ich noch mal zurückspulen?“,
fragte Laura.
„Nein, mach einfach da weiter,
wo ihr gerade seid.“

Arne hatte sein verletztes Bein hochgelegt.
„Wie geht's dir?", fragte ich.
„Schon wieder ganz gut. Aber Mama meint,
ich soll das Bein noch schonen. Nur das Bein."
Er wuselte Laura durch die Locken.
Ich lehnte mich an Gianna.
Wäre lieber mit ihr allein gewesen.
Der Film lief ohne Unterbrechung bis zu Ende.
Und danach diskutierten die drei darüber,
was sie anstelle der Jugendlichen im Film
gemacht hätten.
„Was hältst du eigentlich von dem Streifen?",
fragte mich Laura.
„Weiß nicht so recht." Dass ich mich
dem unbeholfenen Todd verwandt fühlte,
hätte doch niemand verstanden.
Gianna biss sich auf die Lippen.
Ich hatte den Verdacht,
dass sie etwas sagen wollte,
was ich vielleicht nicht gerne gehört hätte.

Draußen hupte ein Autofahrer ungeduldig.
„Papa holt uns ab", rief Laura.

Gianna sprang auf. Wir hatten nicht mal Zeit
für einen richtigen Abschiedskuss.
Raffaele Mantini hasste es zu warten.
„Bleibst du wenigstens noch ein bisschen?“,
fragte mich Arne.
„Bist du nicht müde?“, fragte ich zurück.
„Eher aufgekratzt.“ Er brachte sein Bein
in eine bequemere Position.
„Was fasziniert dich so an dem Film? Neil,
der tragische Held …“
Arne unterbrach mich. „Am meisten der Lehrer.
So einen ausgeflippten Typen wie Mr Keating
hätte ich gern zum Vater. Müsste ja nicht
mein Erzeuger sein. Einer von Mamas Freunden
wäre genauso okay.“ Er lachte verlegen.
Keine Ahnung, warum er mir das erzählte.
Normalerweise vertrauten wir uns
solche Dinge nicht an.
„Übrigens“, sagte er noch, „lieber gar keinen
Vater haben als so einen Scheißkerl,
wie Neil Perry ihn im Film hat.“
Kann sein, dachte ich verblüfft, dass Arne
sich noch immer nach einem Vater sehnt.

Er wirkte so ausgeglichen, als fehle ihm nichts.
Ich hätte mich mit einem wie Mr Keating
schwer getan. Ob als Lehrer oder als Vater.
Dichten ist nicht gerade meine Stärke.
Ich steh mehr auf Naturwissenschaften
als auf Poesie. Walter hätte das Zeug
zu einem außergewöhnlichen Vater gehabt.
Es hatte alles so schön mit ihm angefangen.
„Eigentlich müsste ich dankbar sein,
dass ich eine Menge guter Erinnerungen
an Walter als Vater habe“, rutschte es mir raus.
„Bloß, wenn es nicht mehr klappt, denkst du,
es liegt auch an dir, dass alles so schief läuft.“
„Kenn ich“, sagte Arne. „Hab lange geglaubt,
mein Vater wäre von uns weggegangen,
weil ich ein ziemlich schwieriges Kind war.
Dass er das nicht ausgehalten hat.
Und dass er meine Mutter für sich alleine
haben wollte.“
„Hast du ein Foto von deinem Vater?“

Arne stand auf und humpelte zum Schreibtisch.
Er fand das Foto auf Anhieb
und drückte es mir in die Hand.

Ein Typ mit Cowboyhut lachte in die Kamera.
Er trug nur ein Achselhemd zu seinen Jeans.
Strahlte Stärke und Lebenslust aus.
Seine großen Hände umfassten zärtlich
die schmalen Schultern eines kleinen Jungen,
der auch in die Kamera strahlte.
„Da war ich sechs.“ Arne schluckte
und sah plötzlich müde aus.
„Hab gar nicht gemerkt,
dass es schon so spät ist“,
sagte ich schnell. „Ich geh dann.
Melde mich morgen bei dir.“
Als ich auf den Roller stieg, bog Arnes Mutter
mit ihrem Auto in die Straße ein.
Wir winkten einander zu.
Fuhren beide sehr vorsichtig.
Es hatte wieder angefangen zu schneien.

Vor meiner Zimmertür lag ein Zettel.
Lieber Matthias, bin ein altmodischer Kerl.
Früher hat man gesagt, was man die erste Nacht
im fremden Bett träumt, geht in Erfüllung. Also
träum schön und fühl dich hier wie zu Hause. M.

Mir war schon wieder zum Heulen. Lange
lag ich wach und starrte in die Dunkelheit.
Dachte an meine Eltern, an Gianna.
Es schien mir alles so verkehrt.
Irgendwann muss ich doch eingeschlafen
sein, denn ich wachte auf aus einem Traum
voller Gewalt. Ein Mann, dessen Gesicht
ich nicht erkennen konnte, war als Amokläufer
durch die Straßen gerannt. Hatte wahllos
um sich geschossen. Sein Revolver sah
haargenau so aus wie der von Mr Perry
in *Der Club der toten Dichter*,
mit dem Neil sich erschossen hatte.
Jedenfalls habe ich das in meinem Traum
ganz selbstverständlich gedacht.
Und wer war der Amokläufer ohne Gesicht?
Ich selbst?
Wieder dauerte es ewig, bis ich einschlief.

14

Es war kein Problem bei Mahagoni zu wohnen.
Er machte es zu einer Selbstverständlichkeit.
Ich arbeitete etwas mehr für ihn als früher
und mit dem Kochen wechselten wir ab.
Mein Leben war durch den Umzug nicht
aus den Fugen geraten. Ich traf mich
wie üblich mal mit Gianna, mal mit Arne.
Nur dachte ich viel zu oft an zu Hause.
Telefonieren brachte nichts,
das gab ich schnell auf.
Am Telefon waren wir alle drei total hilflos.
Deshalb wollte ich zu Hause vorbeigehen.
Dass ich nicht mehr bei ihnen wohnte,
bedeutete ja nicht, dass ich meine Eltern
nicht mehr sehen wollte. Doch ich schob es
immer wieder auf. Ehrlich gesagt hat mich
Mahagoni ein bisschen geschubst,
damit ich mich endlich auf den Weg machte.
Ob sie zurechtkamen? Ich kannte und hasste

ihre Schweigezeiten, in denen das Haus
nur so dröhnte von runtergeschluckten Sätzen,
versteckten Vorwürfen,
wortlosen Eingeständnissen von Schuld.
Mama knallt die Kaffeekanne auf den Tisch.
Walter versucht sich möglichst geräuschlos
zu setzen. Macht sich klein.
Ungeschickt greift er nach der Kaffeekanne.
Mamas Lippen sind ein schmaler Strich.
Sie beobachtet Walters zitternde Hände,
die sich mit der Kanne abmühen.
So weit ist es wieder mit dir gekommen,
heißt das. Sieh dich nur an.
Nicht zum Aushalten, wenn sie
auf diese stumme Weise streiten. Warum
reden oder brüllen sie nicht mal richtig?
Aber er mit dem Ich-bin-ein-Versager-Blick.
Und sie, als ob man ihr alles Elend der Welt
aufgebürdet hätte. Scheiß Spiel! Und ich?
Wohin mit meiner Wut? Muss mich dauernd
zusammenreißen. Hab mir fest vorgenommen,
nie wieder auszuticken.
Bloß nicht unangenehm auffallen.

Unangreifbar sein.
Das wollte ich schon als Kind.
Mein Panzer ist mit der Zeit
immer undurchdringlicher geworden.
Wenn du keine Schwächen zeigst,
kann dir so schnell nichts passieren.
Ich hatte zwar noch meinen Schlüssel, aber
ich wollte nicht einfach bei ihnen reinplatzen.
Auf mein Klingeln reagierte niemand.
Dabei hatte ich im Bad und im Wohnzimmer
Licht gesehen. Ich warf Steinchen
gegen die Fensterscheibe vom Bad.
Dann lief ich zur Tür und klingelte wieder.
„Bin schon unterwegs!“
Mama machte mir auf. Sie sah grotesk aus.
Trug ihren schwarzen Bademantel,
ein schwarzes Handtuch um den Kopf und
war um die Augen herum weiß von Fettcreme.
Erinnerte mit ihren Farben an Pandabären
und Brillenpinguine.
Nur war so gar nichts Lustiges daran.
Ich fühlte mich als Eindringling,
der nicht mehr hierher gehörte.

„Komm mit in die Küche“, sagte sie.
Als wollte sie verhindern,
dass ich ins Wohnzimmer ging.
Wir setzten uns an den Tisch.
Mit einem Blick erfasste ich,
was mir nicht aufgefallen war,
als ich noch hier wohnte.
Die Wände brauchten einen neuen Anstrich.
Die Tischdecke hatte Flecken.
Überm Kühlschrank hingen Spinnweben.
Ich dachte an Mahagonis Küche
und hockte mich auf die Stuhlkante,
bereit zur Flucht.
„Möchtest du Kaffee?“
„Nein, danke.“
„Was zu essen?“
„Nein.“
Sie zupfte nervös an dem Handtuch herum.
„Und wie geht’s dir?“
„Ich versteh mich gut mit Mahagoni“,

sagte ich ausweichend. „Und wie
läuft’s bei euch?“
„Du hast Recht gehabt“, stieß sie hervor.

„Wir kriegen es nicht hin." Dann kam
ein Seufzer aus ihrem tiefsten Innern.
„Er hat gedroht sich umzubringen,
falls ich ihn verlasse."
„Du musst ihn ja nicht verlassen. Er soll nur
in die Klinik zurück."
„Er weigert sich. Ich müsste ihn schon
von der Polizei als gemeingefährlich
einweisen lassen. Und das ist er nicht."
Sie zündete sich eine Zigarette an.
Hatte Mühe mit dem
Feuerzeug.
„Du rauchst wieder?"
Ich hätte den Satz
gern zurückgenommen,
sobald er raus war.
Sie nahm einen tiefen Zug.
„Ich war so nervös,
konnte nicht schlafen,

hab das alles nicht mehr ausgehalten."
Sie sah übermüdet, verzweifelt aus.
Mama, die als eine der besten Schwestern
der Klinik galt. Zuverlässig. Erfahren.

Beliebt. Es tat mir weh sie anzusehen.
Sie hatte kaum noch Ähnlichkeit
mit der Strahlefrau von Silvester.
„Ich verkauf das Haus“, sagte sie mehr
zu sich selbst als zu mir. „Ich schaff es
auch finanziell nicht mehr.“
Erschrocken sah ich sie an.
„Es ist doch nur ein Klotz am Bein.“
Ob das ein Trick war, um mich nach Hause
zu locken?
„Kein Erpressungsversuch.“
Sie schien meine Gedanken zu erraten.
„Vermutlich hänge ich mehr an dem Haus
als du.“ Sie fuhr sich über die Augen.
Sah dann erschrocken auf ihre Finger,
auf die weiße Schmiere, die daran klebte.
„Oh Gott“, sagte sie, „ich hab ja noch
das Zeugs im Gesicht.“

Während sie im Bad war,

ging ich ins Wohnzimmer.
Walter schob sich aus seinem Sessel hoch
und torkelte auf mich zu.

Mir wehte eine Schnapsfahne entgegen.
Ich ballte die Hände zu Fäusten.
„Der zweite Ausrutscher, was?“
Meine Stimme klang aggressiver
als ich wollte. „Lässt du dich jetzt
jeden Abend vollaufen, egal ob Mama
weg ist oder nicht?“
„Red nich … ich bin … bin dein Vater“,
lallte er. „Immer noch.“
„Was du so Vater nennst“, gab ich zurück.
„Du solls nich in … dem Stall da wohnen“,
brachte er mit Mühe heraus. „Du has hier
ein Zu… has dein Zimmer. Has doch alles …“
„Das Zimmer bei Mahagoni ist kein Stall.“
Ich betonte jedes Wort.
„Und wenn du dein eigenes beschissenes Leben
irgendwann wieder auf die Reihe kriegst,
komm mich besuchen und gib mir väterliche
Ratschläge.“
So betrunken er auch war,
an seinem Blick konnte ich sehen,
wie sehr ich ihn verletzt hatte.
Genau das wollte ich.

Aber es war kein Triumph.

Ich geriet plötzlich beinah in Panik,

lief zum Bad und klopfte hastig an die Tür.

„Tschüss, Mama. Bis bald!

Bin noch verabredet."

15

Arnes Bein war wieder in Ordnung.
Wir gingen zu viert auf die Fete bei Giannas
und Lauras Freundin Karen.
Arne, Laura, Gianna und ich.
Kein Schnee mehr. Nur klare Kälte.
Dafür waren die Räume bei Karen überheizt.
Ich tanzte nicht gern, deshalb war ich froh,
dass wir rumsaßen, Musik hörten und
quatschten. Das heißt, von mir kam nicht viel.
Und ich war mal wieder der Einzige,
der weder rauchte noch trank.
Mit den Gedanken war ich ständig woanders.
Warum hatte Walter gedroht sich umzubringen,
falls Mama ihn verlassen würde?
War das nur so in Verzweiflung dahin gesagt?
Der Traum mit dem Amokläufer
fiel mir wieder ein.

Nein, Walter würde nicht schießen,
weder auf andere noch auf sich.

Aber er brauchte ja keine Pistole,
wenn er sich umbringen wollte.
Totsaufen kann man sich auch.
„Matthias?“ Giannas Stimme klang gereizt.
„Was ist los?“
„Hat nichts mit uns zu tun.“
„Wieder Probleme zu Hause?“
Ich nickte.
Sie ließ mich in Ruhe. Aber ich merkte, dass
meine triste Stimmung auf sie übersprang,
auch wenn sich das bei ihr anders äußerte.
Während ich noch stiller wurde,
lachte sie lauter als sonst,
redete ungewohnt hektisch.
Tanzte übertrieben lange mit Karens Bruder.
Gegen eins brachten Arne und ich
unsere Freundinnen nach Hause.
„Tut mir Leid, dass ich dir den Abend
verdorben habe“, sagte ich leise zu Gianna.
„Hast du nicht“, gab sie betont spöttisch zurück.

„Ich hab endlich mal wieder
so richtig abgetanzt.“
Hilflos zuckte ich mit den Schultern.

„Kommst du morgen Abend zu uns
zum Essen?“, fragte sie leise.
Ganz klar ein Versöhnungsangebot.
Großfamilienessen? Danach war mir jetzt
einfach nicht.
Ich aß lieber allein oder mit Mahagoni.
Der stellte keine unangenehmen Fragen.
„Sorry“, sagte ich. „Morgen kann ich nicht.“
„Schon was Besseres vor?“ Gianna klang eisig.
Noch bevor ich eine Erklärung versuchen
konnte, rief Laura:
„Mensch, sind wir spät dran!“
Sie zog ihre Schwester mit sich.
Kaum waren die zwei im Haus verschwunden,
bekam ich Sehnsucht nach Gianna.
Dabei hatte ich fast den ganzen Abend
stumm neben ihr gesessen.
Wenn sie nur da war, das reichte mir im Moment.
Aber ihr war das nicht genug,
das hatte sie mir deutlich gezeigt.
Ich schob den Gedanken schnell weg,
wollte nicht noch mehr Probleme.

Wir kamen an einer Kneipe vorbei.
„Ist dir die früher schon mal aufgefallen?“,
fragte Arne.
„Bis jetzt nicht.“ Wieder eine mehr, dachte ich.
Als ob wir nicht schon zu viele davon hätten.
Arne war stehen geblieben und drehte sich um.
„He!“ Er zog mich am Ärmel. „Seh ich da was,
was du nicht siehst?“
Was hatte er denn auf einmal?
„Könnten sie das sein?“, fragte er aufgeregt.
Ich begriff.
Sah die Kerle am Nebenausgang der Kneipe,
doch mir kam keiner von ihnen bekannt vor.
„Ist kein Kleiderschrank dabei. Aber so richtig
hab ich die Typen im Dunkeln nicht gesehen.“
„Du mit deinem Kleiderschrank.
Guck doch bloß,
was die mit dem Alki machen.“
Arnes Augen leuchteten. Jetzt konnte er endlich
für Gerechtigkeit sorgen. Alki-Rettungs-Trip.
 Die Rolle gefiel ihm. So wie er guckte,
könnte er Gott auf der Bühne spielen.
Gott am Tag des Jüngsten Gerichts.

Er ging mir total auf den Geist
mit seinem Theater.
Klar tat mir der Typ auch Leid,
den die Kerle gerade in der Mangel hatten.
Trotzdem wollte ich mich nicht einmischen.
Doch Arne ließ sich nicht aufhalten.
Benahm sich wie ein Westernheld im Kino.
Und er wusste, dass er sich auf mich
verlassen konnte. Offensichtlich hatte er
das einkalkuliert.
Natürlich konnte ich ihn nicht hängen lassen.
Schnappte mir den Nächstbesten.
Stürzte mich regelrecht auf ihn. Alle Wut,
die sich in den letzten Tagen in mir
angestaut hatte, kriegte der Typ ab.
Bis ich Arne schreien hörte. Der Kleiderschrank
war aus der Nacht aufgetaucht. Oh Shit!
Doch warum griff er nicht an,
sondern glotzte nur?
Wollte er uns in eine Falle locken?
Mein Gegner muss gesehen haben, dass ich
mich nicht mehr voll auf ihn konzentrierte.
Blöd war er offensichtlich nicht.

Er versuchte mich fertig zu machen.
Mit allen möglichen Tricks.
Aber er schaffte es nicht.
Ich war durchtrainiert, hatte Ausdauer.
Und vor allem diese Granatenwut,
die mich unbesiegbar machte.
Trotzdem hatte ich es nicht leicht mit ihm.
Er konnte kämpfen. Er war zäh.
Und seine Wut schien kaum kleiner zu sein
als meine. Es war uns beiden bitterernst
mit dem Kampf.
„Hör auf!“, schrie er schließlich.
„Du bringst mich ja um!“
Das brachte mich zur Besinnung.
Wir schnappten beide nach Luft.
„Und jetzt“, keuchte er, „schleift mich
der edle Held auf die Wache,
den Bullen zum Fraß.“
Mich kotzte das alles an.
„Wieso macht ihr das? Der hat euch bestimmt
nichts getan. Und die anderen vorher …“
„He, bist du Nachwuchs-Streetworker
oder was soll das Gelaber?“

Bevor ich einen Schwinger
in seiner Magengrube landen konnte,
war er weg. Zack. Als wäre er nie da gewesen.
Arne würde toben. Aber das war mir egal.
Ich hatte geholfen, ihn aus einer
brenzligen Situation herauszuhauen,
das musste reichen.
Ich sah mich nach Arne um.
Er saß auf der Mauer bei der Kneipe
und rauchte. Sah mitgenommen aus.
Ich rieb mir die Augen. Zwinkerte.
Nein, eine Bildstörung war das nicht.
Arne quatschte mit dem Kleiderschranktypen.
Was sollte das?
Das gab's ja wohl nicht, dass Arne sich
die Lebensgeschichte von dem Kerl anhörte!
Ich ging zu den beiden rüber.
„Markus." Arne zeigte auf den Riesen
neben sich. „Wir sind zusammen in der
Grundschule gewesen. Da kann ich ihn ja
wohl kaum auf die Polizeiwache schleppen."
Markus grinste breit. „Mich schleppt
so schnell keiner irgendwohin."

Arne grinste jetzt auch.
„Kleiderschranktyp, wie du gesagt hast.
Der, mit dem ich mich gekloppt hab,
ist leider abgehauen."
„Meiner auch", gab ich zu. „Markus kann ja
als Kronzeuge aussagen."
„Sie sind keine richtige Gang.
Kennen sich kaum", erklärte Arne.
„Ach nee. Die treffen sich wohl immer ganz
zufällig vor Kneipen und mischen Alkis auf,
oder wie?", fragte ich.
„So ungefähr." Markus warf seine Kippe weg.
„Nee, mal im Ernst, ich bin erst
zum zweiten Mal dabei. Und heute,
als ich Arne sah,
da hab ich mich komplett rausgehalten."
„Stimmt", bestätigte Arne. „Von dem Typen,
den du in der Mangel hattest, stammt die Idee.
Der macht das Ganze wohl schon länger."
„Immer mit neuen Leuten?"

„Nicht immer", sagte Markus. „Er nimmt,
wen er zum Mitmachen kriegen kann."

16

„Was ist denn mit deinem Matthias?“,
fragte Laura. „Klappt es nicht mehr mit euch?“
„Er war heute bei seinen Eltern.
Das hat ihm den Abend vermiest.“
„Wird dir das nicht zu viel
mit seinen Depri-Phasen?“
Laura fuhr sich schwungvoll
mit der Bürste durch die Locken.
„Nein.“ Damit schnitt Gianna
jede Diskussion über Matthias ab.
Dabei wurde ihr wirklich alles zu viel.
Seit Matthias zu Hause ausgezogen war,
spukte sein Vater mehr denn je
durch ihre Beziehung.
Gianna wurde den Verdacht nicht los,
dass der Vater und seine Alkoholkrankheit
nur Vorwand waren für Matthias'
seltsames Verhalten. Dass ihm in Wirklichkeit
nicht mehr viel an ihr lag.

Warum sonst saß Matthias stumm
und gereizt neben ihr? Warum wollte er
nicht zum Abendessen kommen?
Wenn er mit *seinen* Eltern zurzeit nicht
klarkam, musste er deswegen gleich auch
um ihre Familie einen Bogen machen?
Andererseits war dieser zärtliche Abschied
vor dem Haus gewesen, letzte Woche erst.
Gianna seufzte. War ihre Vermutung absurd?
Sie sah das einzige Poster vor sich,
das in Matthias' Zimmer hing.
Kurt Cobains Gesicht, groß, mit erschreckend
traurigen Augen. So hatte Matthias heute
den ganzen Abend geguckt. Genau so.

Aus dem Erdgeschoss kamen
die unterschiedlichsten Geräusche.
Nonna kann auch nicht schlafen,
dachte Gianna. Sie werkelt in der Küche herum
und glaubt, niemand würde sie hören.
Leise stand Gianna auf und schlich nach unten.
Ihre Großmutter redete mit sich selbst.
Gianna verstand immer wieder ein paar

italienische Brocken und hörte dazwischen
das Klappern von Geschirr.
Vorsichtig öffnete sie die Tür. „Nonna?“
Die alte Frau erschrak wie ein Kind,
das man bei etwas Verbotenem erwischt hat.
Dann fing sie sich wieder und fragte besorgt:
„Carissima, hab ich dich geweckt?“
„Nein.“
„Warum schläfst du nicht?“
„Du schläfst doch auch nicht.“
„Alte Leute brauchen wenig Schlaf. Und
tagsüber lässt man mich nicht in die Küche.
Als ob ich zu alt dazu wäre.“
„Du darfst dich nicht überanstrengen.
Und spülen musst du ja wirklich nicht.
Wozu haben wir die Maschine?“
„Meine Hände sind immer noch gründlicher!“
Gianna setzte sich an den Tisch.
Es tat gut, bei Nonna zu sitzen
wie früher als kleines Mädchen.
„Es ist noch Tiramisu im Kühlschrank!“
„Danke, ich hab keinen Hunger.“
„Kummer, Engelchen?“

„Ja, Nonna, ich glaube, so kann man es nennen.“
„Was ist es? Die Liebe?“
Ein Wassertropfen platschte ins Spülwasser.
Nonna guckte verdutzt
und Gianna musste lachen.
„L’amore, sempre l’amore“,
seufzte die alte Frau.

17

Am Montag nach der Schule wartete Mahagoni
auf mich. „Deine Mutter war hier.
Sie wirkte ziemlich nervös.“
Er drückte mir einen
Brief in die Hand
und ließ mich allein.
Ich riss den Umschlag
auf.

Matthias, komm vorbei,
bitte, so schnell
du kannst. Margit
Sie hatte kaum leserlich geschrieben.
Ich bekam schreckliche Angst.
Wer weiß, was zu Hause passiert war.
Und ich in meiner Sturheit hatte Mama
allein gelassen.
Mein Roller fuhr viel zu langsam.
Margit. Mir fiel auf, dass ich sie
all die Jahre Mama genannt hatte,

selbst jetzt noch. Und Walter nannte ich
schon so lange bei seinem Vornamen,
dass ich mich kaum erinnern konnte,
wann das angefangen hatte. Es muss
bei einem Ausflug gewesen sein.
Walter und ich an unserem Lieblings-See.
Ich bin fünf oder sechs. Wir haben
das rote Schlauchboot dabei. Ich darf paddeln.
Er korrigiert nur manchmal den Kurs.
In einer Bucht legen wir an und angeln.
Walter sagt mir, wie die Fische heißen.
Wir machen Feuer. Braten Kartoffeln
und Fische in der Glut. Als wir satt sind,
lässt Walter das Feuer noch einmal groß
werden. Funkenregen prasselt.
Wie das leuchtet und glüht. Walter setzt sich
eine schwarze Augenklappe auf und erzählt mir
von Piraten und Meeresungeheuern.
Ich lehne mich an ihn.
Grusele mich schrecklich und kann nicht genug
von seinen Geschichten kriegen.
„Mein Kumpel!“ Er sieht mich liebevoll an.
„Tapferer kleiner Kerl.“

„Erzähl mehr, Walter! Bitte." Wir bleiben,
bis es dunkel ist. Ein Käuzchen schreit.
Der Mond macht das Wasser silbrig.
Ich war so stolz, dass ich ihn
bei seinem Vornamen nennen durfte.
Walter, mein väterlicher Freund.
Dabei hätte er mein Vater sein sollen.
Einfach nur mein Vater.

Mama war sofort an der Tür.
„Hilf mir, ihn in die Klinik zu bringen.
Es geht ihm schlecht, aber er will
keinen Krankenwagen."
„Und er ist einverstanden?"
„Ja. Aber ich trau mich nicht,
allein mit ihm zu fahren."
Walter lag angezogen auf dem Bett.
Schwitzte. Zitterte. Atmete schwer.
Mama flößte ihm Tee ein.
Dann schleppten wir ihn zum Auto.
Mama fuhr vorsichtig. Ich saß mit Walter
auf dem Rücksitz und hielt ihn fest,
weil er sonst in jeder Kurve nach vorn kippte.

„Es tut mir so Leid“, flüsterte er.
In seiner Stimme war Angst.
Wir brachten ihn zur Notaufnahme.
Mama blieb bei ihm. Wollte ihn nicht
aus den Augen lassen,
bis sie mit dem Arzt gesprochen hatte.
Ich setzte mich in die Eingangshalle.
Beobachtete das ständige Kommen und Gehen.
Leute, die sich aus Wintermänteln schälten.
Sich umarmten oder auf Distanz blieben.
Und Leute, die verloren
auf den Plastikstühlen saßen,
vor sich hin starrten und warteten.
Ich hielt es nicht länger aus und lief draußen
im Park hinter der Klinik auf und ab.
„Es tut mir Leid.“
In meinem Kopf Walters flehende Stimme.
Endlich kam Mama, die jetzt auch Margit
für mich war. Wir gingen zum Auto.
Stiegen ein. Fuhren los.

Ein endloser Filmvorspann in Zeitlupe. Stumm.
„Hat er … hat er irgendwas genommen?“,
fragte ich schließlich.

„Nein“, sagte sie. „Es ist nur die Trinkerei.“
„Er hat gesagt, es tut ihm Leid.“
„Er weiß, was er uns damit antut.
Doch es ist stärker als er.“
„Und was passiert jetzt?“
„Ich soll Doktor Bronner morgen anrufen.“
Wieso ist er überhaupt in die Krankheit
abgedriftet?, fragte ich mich zum xten Mal.
Was gab es für Gründe so abzurutschen?
„Wie hat das angefangen? Warum ist es
so weit mit ihm gekommen?“
Ich erschrak über die laut geäußerten Fragen.
Über meine Stimme,
die fremd und unsicher klang.
Ich hatte Mama nie solche Fragen gestellt.
Sie suchte im Handschuhfach
nach ihren Zigaretten. Zündete sich eine an.
„Gründe gibt’s immer“, sagte sie bitter.
Ich wartete.
Das konnte ja wohl nicht die Antwort sein.
„Sein Vater hat auch ziemlich viel getrunken“,
fuhr sie mühsam fort. „Kannst du dich
an deinen Großvater erinnern?“

„Kaum. Ich war schließlich erst vier, als er starb."
„Ich weiß", sagte sie. „Bei Walter hat sich das Trinken ganz allmählich gesteigert. Von harmlos zu krankhaft. Der Frust, sein sensibles Wesen. Ich habe immer Entschuldigungen gefunden."
„Du?"
„Ich genauso wie er. Weil ich es nicht wahrhaben wollte, damit hattest du Recht. Und weil ich als Krankenschwester es allein hinkriegen wollte." Sie schüttelte den Kopf. „Dabei ist doch erwiesen, dass Angehörige die schlechtesten Therapeuten sind."
„Woher kam denn sein Frust? Er hat doch mal großen Erfolg gehabt."
„Aber nicht auf Dauer. Er wurde anfangs verwöhnt mit Auszeichnungen, Ausstellungen. Das ging alles zu schnell. Als es weniger wurde, hat er sich als Versager gefühlt."
„Das hat er mir auch mal im Suff gesagt. Aber ich hab's ihm nicht abgenommen."

„Wenn er es so sieht, dann war es für ihn so."
„Weil die Anerkennung ausblieb, hat er sich immer weniger getraut?"
Sie nickte. „Die Zeitungen, für die er gearbeitet hat, wollten die Bilder nicht, die ihm am wichtigsten waren."
„Warum?"
„Sie waren ihnen zu schonungslos.
Den Besuchern einer Ausstellung kann man das mal zumuten, Zeitungslesern wohl nicht."
„Da hat er dann noch mehr getrunken."
Sie nickte wieder.
„Es gab auch andere Gründe. Wir reden darüber, Matthias, ich versprech es dir.
Jetzt bin ich zu müde. Und ich muss eine Vertretung für meinen Nachtdienst finden."
Sie setzte mich zu Hause ab und fuhr gleich weiter zum Krankenhaus.

Ich hatte noch nichts für die Schule getan.
Und abends wollte Gianna mich bei Mahagoni besuchen. Aber vorher musste ich unbedingt Walters alte Fotos sehen.

Wie ein Sog zog es mich in den Keller.
Als ich die erste Kiste hochschleppte,
wurde mir klar, dass ich heute
nicht weit kommen würde.
Das Ding war so schwer,
da waren massenhaft Fotos drin.
Ich hatte Spielplatz-Aufnahmen erwischt.
Vielleicht Walters *Das-Leben-ist-positiv-Phase*?
Doch als ich genauer hinsah, entdeckte ich,
dass die Bilder alles andere als positiv waren.
Allein gelassene, verwahrloste Kinder
in trister Umgebung. Man brauchte viel
Fantasie, um ihnen eine Zukunft zu entwerfen,
die Besseres für sie bereithielt.

Ich packte die Fotos wieder in die Kiste
und brachte sie zurück.
Und obwohl ich keine Zeit hatte,
trug ich die nächste nach oben.
Auf der Suche nach etwas,
das nicht so deprimierend war.
Diesmal fand ich Häuserfronten,
Hochhausfassaden, Fabriktore. Mauern,
kahl und kalt. Kein einziges Lebewesen.
Nur eine verlassene Welt aus Stein, Glas
und Metall. Warum hatte er so viel
Trostlosigkeit fotografiert? Es gibt
doch auch Hauswände, an denen sich
Rosen hochranken.
Ich hörte Mama heimkommen.
Als sie mich mit den Fotos entdeckte,
stutzte sie.
„Ich musste unbedingt sehen, was er früher
gemacht hat", erklärte ich. „Seine Erfolgsbilder."
„Und?", fragte sie.
„Die sind so trostlos. Nackte Fassaden.
Und seine Kinderfotos machen einen
auch nicht froh."

„Heile-Welt-Postkarten waren nie sein Ding."
Mama ging zum Schrank,
zog eine Schublade auf
und holte Fotos heraus, die offensichtlich noch
nicht so alt waren wie die aus dem Keller.
Legte sie einzeln auf den Tisch vor mich hin.
Ich schnappte nach Luft. Was Mama mir
da zeigte, war der blanke Horror.
Eine uralte Frau, die einen Einkaufswagen
mit Plastiktüte vor sich her schob –
vielleicht ihr ganzer Besitz.
Männer mit leeren Gesichtern,
irgendwo beim Hauptbahnhof.
Vollkommen kaputte, einsame Typen.
Abgeschrieben. Hoffnungslos.
Da nützte einem alle Fantasie nichts mehr.
Für diese Menschen gab es keine Zukunft.
Das drückten die Bilder überdeutlich aus.
Ich biss mir auf die Lippen.
„Wie ist er an all diese Leute gekommen?"

„Mit irgendeinem hat es angefangen.
Sie haben ihm ihre Lebensgeschichten erzählt.
Das hat ihn nicht losgelassen. Er wollte

mehr für sie tun als mit den Fotos ihr Elend
öffentlich machen. Ich glaub, ich versteh's,
aber ich kann es nicht gut erklären."
Bis ihm alles zu viel geworden ist,
dachte ich, alles und alle, sogar Mama
und ich. Und er ist auf dem besten Weg, selbst
so ein hoffnungslos kaputter Typ zu werden.
„Er hat das ganze Elend fotografiert."
Mama schob die Fotos wieder zusammen,
um sie wegzupacken.
„Aber er hat es nicht ausgehalten."
„Das wollte ich dir vorhin schon erklären.
Seine Ohnmacht, die hat ihn vor allem
zum Trinken gebracht, glaube ich.
Und meine Ohnmacht ihm gegenüber."
Sie stützte den Kopf in die Hände.
„Quäl dich nicht so, Mama."
Ich umarmte sie fest, bevor ich ging
und sie mit ihren Gedanken allein ließ.
Ohnmacht.
Dieses Gefühl musste mir niemand erklären.

18

Gianna kam mir kurz vor dem Antiquitätenladen
entgegen.
Schon an ihren Bewegungen konnte ich sehen,
wie zornig sie war.
„Weißt du, wann wir verabredet waren?“,
schrie sie. „Glaubst du eigentlich,
dass du alles mit mir machen kannst?“
„Es tut mir Leid“, sagte ich so wie Walter
heute Morgen. „Komm mit zurück, Gianna.
Bitte! Geh jetzt nicht weg.“
„Ich hab eine ganze Stunde bei Mahagoni
auf dich gewartet.“
„Wir haben Walter in die Klinik gebracht,
Mama und ich. Und dann ... mir ist so viel
dazwischen gekommen.“
„Hättest du nicht wenigstens anrufen können?“

Natürlich hätte ich anrufen können.
Mir fiel nichts zu meiner Verteidigung ein.
Stumm sah ich sie an.

„Dein Vater“, ihre Stimme überschlug sich.
„Dein ganzes Leben dreht sich angeblich
nur noch um deinen Vater, und was ist mit uns?
Gibt’s uns auf einmal nicht mehr?“
„Gianna, es ist …“
„Ich hab nichts gegen ihn, falls du das meinst,
er ist immer nett zu mir gewesen“,
unterbrach sie mich heftig.
„Ich weiß selbst nicht, was mit mir los ist.
Wie ich das erklären soll.“
Sie sah mich an, nicht mehr wütend,
sondern verletzt. „Dann find es heraus,
und wenn du so weit bist, sag mir Bescheid.“
In ihrer Stimme war ein unterdrücktes Weinen.
Ich nahm sie schnell in die Arme.
Wollte sie festhalten.
Sie riss sich los. Ließ mich stehen.
Drehte sich nicht um.
Skin the sun, sang Kurt Cobain in meinem Kopf.
Ich stand auf der Straße und fror.
Wollte hinter Gianna herlaufen, retten,
was vielleicht noch zu retten war,
und bewegte mich nicht vom Fleck.

I think I'm dumb …
Ich weiß nicht, wie lange ich so dastand,
bis ich endlich zu Mahagoni ging. Das heißt,
nicht zu ihm, sondern gleich in mein Zimmer.
Wenn ich mich auf die Hausaufgaben
konzentrierte, müsste ich mich doch beruhigen
und Ordnung in meine Gedanken
bringen können.
Müsste der Schmerz in mir aufhören,
der scharf und quälend war.
Morgen in der Schule würde ich mich
mit Gianna versöhnen.
Es durfte nicht aus sein mit uns.
Ich nahm mir *Sansibar oder der letzte Grund*
vor. Die Lektüre von Andersch,
die wir für Deutsch lesen sollten.
Blieb auf Seite zwölf hängen. Bei dem Jungen,
der sich Gedanken über seinen Vater macht.
Er liest Mark Twains *Huckleberry Finn* und
überlegt sich, dass Huck ausreißen musste,

weil sein Vater ein Säufer war.
Mein Vater war kein Säufer, denkt der Junge,
sie sagen es ihm nur nach,

und deshalb muss ich weg.
So stand es in *Sansibar*, genau so.
Je mehr ich mich mit meinem Vater beschäftigte,
umso mehr Alkoholiker-Väter tauchten auf.
Selbst in meiner Deutschlektüre gab es einen,
auch wenn *Der Junge* es nicht wahrhaben wollte.
So wie ich früher. Du willst einen Vater,
auf den du stolz sein, den du vorzeigen kannst.
Einen Säufervater kannst du nur verstecken.
Oder besser, du selbst versteckst dich
vor der Welt, wenn du Kind eines Trinkers bist.

19

Gianna war schon fast zu Hause,
da machte sie plötzlich kehrt.
Wie hatte sie Matthias nur einfach so
stehen lassen können?
Dass er schwierig sein konnte,
wusste sie ja von Anfang an.
Aber war es nicht auch das,
was sie an ihm liebte?
Die Hände in den Taschen,
lief sie entschlossen zurück.
Achtete nicht auf den kalten Nieselregen.
Als sie auf den Hof hinter Mahagonis Werkstatt
kam, sah sie Licht in Matthias' Zimmer.
Sie ging näher ans Fenster, um zu klopfen.
Matthias stand am CD-Player.
Schien ganz in Gedanken versunken.

Nein, dachte sie, da ist kein Platz für mich.
Immer noch Depri-Phase. Bestimmt brütet er
wieder über seinen Problemen. Ob die nun

wirklich nichts mit ihr, Gianna, zu tun hatten
oder doch – er wollte das mit sich allein
abmachen.
Das halt ich nicht aus, dachte sie.
Das kann ich nicht.
Sie hätte in das Zimmer stürmen
und Matthias schütteln mögen.
Aber das hatte ja doch keinen Sinn.
Er würde sich noch mehr in sich zurückziehen.
Und schließlich hatte sie auch ihren Stolz.
Skin the sun drang durch das geschlossene
Fenster in den stillen Hof.
Gianna hielt sich die Ohren zu. *Nirvana.*
Wer hörte die denn heute noch?
Kurt Cobain war schon ewig tot.
Aber Matthias schien ganz verrückt
nach dieser Musik voll Wut und Trauer.
Ich kann ihm nicht helfen, dachte Gianna.
Ich dringe nicht zu ihm durch.
Sie lief nach Hause.
Der Regen war kälter und heftiger geworden.

20

Auch in der Schule kam ich nicht an Gianna
heran. Sie blieb eisern auf Distanz.
„Wird schon wieder“, tröstete mich Arne.
„Streng dich mal ’n bisschen an. Laura meint,
dass Gianna dich immer noch liebt.“
Da war ich mir gar nicht sicher,
auch wenn ich es zu gern glauben wollte.
Nichts mehr war sicher.
Die Referendarin sah mich fassungslos an,
als ich keine Antwort auf ihre Frage wusste.
Ich war mit der Lektüre von *Sansibar* nicht
fertig geworden. Der *Junge* hatte mich zu sehr
ins Grübeln gebracht.
In Englisch verhedderte ich mich hoffnungslos
bei einem simplen Text. In Mathe
versuchte ich es mit der falschen Formel.

Ich verlor mehr und mehr die Kontrolle
über mich. Matthias, das Superhirn,
zeigte endlich Schwächen. Ausgerechnet jetzt,

wo ich meinen Panzer dringender brauchte
denn je, brach er auf.
Ich steh am Schultor und warte auf Walter.
Er soll mich zum Zahnarzt ans andere Ende
der Stadt fahren.
Bis auf ein paar größere Jungs,
die auf dem Schulhof kicken, sind längst
alle Kinder weg. Ich weiß nicht, ob ich noch
warten oder auch nach Hause gehen soll.
„Na, traust dich wohl nicht allein
über die Straße“, ruft einer der Jungs mir zu.
„Hat Mami vergessen das Baby abzuholen?“
„Bist ja blöd!“, geb ich zurück.
„Sag das noch mal!“,
schreit der Junge.
Ich zeig ihm
den Stinkefinger.
Klar, dass sie alle
über mich herfallen.
Einer reißt mir die
Schultasche weg und
kippt sie im Mülleimer
aus. Sie boxen und

treten mich. Ich heul Rotz und Wasser,
was alles noch schlimmer macht.
Sie schubsen mich zu der großen Eingangstür,
die der Hausmeister erst vor ein paar Tagen
gestrichen hat. Drücken mir einen roten
Filzer in die Hand. „Schreib zehnmal
ICH BIN DOOF, los!“, ruft einer.
Ich balle die Hände zu Fäusten.
„Hast wohl noch nicht genug, was?“
Sie nehmen mich in den Schwitzkasten.
Lassen mich nicht gehen, bis ich es
geschrieben habe. Zehn Mal. Zitternd.
Heulend. Krickelig.
Wie eine Mauer stehen sie hinter mir und lachen.
Als sie abhauen, ticke ich endgültig aus.
Trete gegen den Mülleimer,
in den sie meine Sachen geworfen haben.
Verteile leere Getränkepäckchen,
Pausenbrotreste und Bananenschalen
über den ganzen Schulhof.
„Bist du übergeschnappt?“
Die zornige Stimme des Hausmeisters
bringt mich zur Besinnung.

„Sammel das ja wieder ein! Wieso bist du
überhaupt hier?“
Walter, die großen Jungs, nein, ich kann
das nicht sagen, ich schäme mich so!
Der Hausmeister sieht mich drohend an.
Ich presse die Lippen zusammen.
„Los, komm mit ins Büro“, befiehlt er.
„Ich ruf deine Eltern an.“
Jetzt entdeckt er die Krickelschrift
auf der Tür. „Warst du das auch?“
Er brüllt nicht. Er fragt das ganz langsam
und leise und seine Augen fallen ihm
fast aus dem Gesicht. Ich nicke.
Ich bringe noch immer kein Wort heraus.
Er schiebt mich vor sich her ins Büro.
So grob, wie er mich anfasst, tut es richtig weh.
Ich muss unsere Telefonnummer dreimal
wiederholen, bis er sie verstanden hat.
Er lässt es ewig klingeln. Niemand hebt ab.
Ich hab Angst, dass ich für immer im Büro
des Hausmeisters bleiben muss.
Plötzlich steht Walter in der Tür.
„Entschuldigung. Beruflich aufgehalten.

Stau auf der Autobahn." Er riecht nach Kneipe
und der Hausmeister glaubt ihm nicht.
„Junge", sagt Walter im Auto zu mir,
„ich hab dich nicht vergessen.
Bin wirklich aufgehalten worden."
Ich gucke aus dem Fenster. Er soll nicht
sehen, dass ich weine. Ich kenne das Wort
Verrat noch nicht. Aber ich fühle mich verraten.
Abends, als ich schon im Bett liege,
kommt Walter in mein Zimmer.
Will mir eine Gutenachtgeschichte erzählen.
Ich dreh mich zur Wand.
Zieh mir die Decke über den Kopf.
Mama wird zum Rektor bestellt.
Ihre erschrockenen Augen nach dem Gespräch!
Von da an nehme ich mich zusammen.
Lerne wie ein Wilder. Habe schon bald
den Spitznamen Superhirn weg. Leute
wie ich werden normalerweise schikaniert.
Doch mir kommt keiner zu nah. Ich lerne
Selbstverteidigungstechniken.
Es ist mir recht,
dass meine Mitschüler mich Streber übersehen.

In meinem Panzer fühle ich mich sicher.
Wenigstens das.
Aber jetzt schien es
mit meinem sicheren Panzer vorbei zu sein.
Und ich hatte auch noch vergessen,
dass heute das Bauernhaus fällig war.
Lust hatte ich sowieso nicht.
Zu gar nichts hatte ich Lust.

Mürrisch stieg ich in den Kombi.
Erstaunt sah Mahagoni mich an.
„Ärger in der Schule?"
„Überall", knurrte ich. „Fehlt bloß noch,
dass wir beide uns verkrachen."

Ich sah die kahlen Bäume entlang der Straße.
Dieser verdammte Winter hörte nicht auf.
An manchen Tagen schien eine blasse Sonne,
aber der Frühling war noch weit weg.
Das passte perfekt zu meiner Stimmung.
„Ich glaube, hier sind wir richtig."
Mahagoni fuhr in den Hof,
stellte den Motor ab und wir öffneten
im selben Moment die Wagentüren.
„Dann steck dir deine Scheißklamotten
doch sonst wohin!", brüllte plötzlich eine
Männerstimme irgendwo im Haus.
„Hab ich alles mit in die Ehe gebracht",
heulte eine Frau.
„Ha", höhnte er. „Dies ist mein Elternhaus,
hast du wohl vergessen."
„Wie denn?", schrie sie. „Hast mich doch
ständig drauf gestoßen, du Mistkerl!"
„Werd nicht unverschämt!"
„Ich?" Ihr Ton wurde so schrill, dass ich
eine Gänsehaut bekam. „Erst betrügst du mich
mit diesem Flittchen, und jetzt schmeißt du ihr
in den Rachen, was mir gehört!"

Mahagoni schlug heftig die Wagentür zu.
„Das wäre erledigt“, sagte er.
„Alles muss man sich nicht antun.“
Er wendete und fuhr zurück auf die Straße.
Dann hielt er an und tippte eine Nummer
in sein Handy.
„Mal gespannt, wie das Hörspiel weitergeht.“
Es läutete lange,
bis sich die Männerstimme meldete.
„Hessel hier“, sagte Mahagoni. „Ich sollte
die Haushaltsauflösung bei Ihnen vornehmen.
Hab’s mir aber anders überlegt.“
„Kann ja wohl nicht wahr sein!
Es war ausgemacht ...“

„Wissen Sie was?“, sagte Mahagoni freundlich.
„Stecken Sie sich ihre Scheißklamotten
sonst wohin.“
Er stopfte sich die Pfeife neu.
„Ich fahre noch zu Delphine“, sagte er dann.
„Musst den Kaffee morgen Früh alleine trinken.“
„Ich hab morgen frei. Zeugniskonferenz.“
„Umso besser.“ Mahagoni lächelte zufrieden.
Und ich? Was nützte mir ein freier Tag,
wenn Gianna nichts mehr von mir wissen wollte?

Ich rief bei Mama an, aber sie war wohl
schon bei Walter.
Sansibar konnte ich nicht lesen,
das zog mich nur runter.
Mit den Hausaufgaben kam ich nicht weit.
Wozu lernte ich das ganze Zeugs überhaupt?
Für die Zukunft? Geschenkt.
Und an der Gegenwart klebte Vergangenheit
wie schmutziger Verband an einer Wunde,

die nicht heilen will.
Wenn wenigstens mit Gianna wieder alles
in Ordnung käme!

Wie sollte ich ihr nur klar machen,
dass es nichts als Missverständnisse waren,
die uns auseinander gebracht hatten?
Ich kroch ins Bett und hörte stundenlang
Nirvana. Begriff, warum Kurt Cobain dieses
beschissene Leben weggeschmissen hatte.
I hate myself and I want to die …

21

Ich fuhr aus dem Schlaf hoch.
War nicht eben Licht im Hof gewesen?
Als ich zum Fenster lief,
war alles dunkel draußen.
Und kein Motorengeräusch.
Ich zog meine Jeans über.
Schnappte die Taschenlampe.
Öffnete leise die Tür zur Werkstatt.
Sehen konnte ich niemanden, aber ich fühlte,
dass jemand im Raum war.
Zitternd glitt der Strahl meiner Taschenlampe
über die Wände. In jeden Winkel.
Hinter dem Schrank aus dem 18. Jahrhundert,
den Mahagoni gerade erst aufgearbeitet hatte,
versuchte jemand vergebens sich zu verstecken.
Ich richtete die Taschenlampe
voll auf sein Gesicht.
Der Lichtkegel traf ihn hart. Er hielt sich
die Hand schützend vor die Augen.

Es war der Typ,
mit dem ich letzten Samstag gekämpft hatte.
Der würde mir nicht noch einmal entkommen.
Er starrte mich hasserfüllt an.
„Hab dich mit deinem Alten gesehn!“, zischte er.
„Wollte dir ’n Denkzettel verpassen.
Misch dich nicht in Sachen,
die dich nix angehn.“
„Mit meinem Alten?“
„Der im Kombi. Vielleicht auch dein Großvater.
Egal. Jedenfalls wollte ich diesen Schuppen
mal unter die Lupe nehmen.“
„Er ist weder mein Vater noch mein Großvater.

Und wenn du in diesem Schuppen irgendwas
anrührst, schlag ich dir den Schädel ein."
Ich packte ihn an der Jacke wie letzten Samstag.
„Hättest du neulich schon haben können."
„Lässt sich vielleicht nachholen."
Ich ließ ihn nicht los. Auch wenn mir
das Ganze lächerlich vorkam.
„Du bist abgehauen, ohne meine Frage
zu beantworten."
„'tschuldigung", höhnte er. „Kann mich
leider nicht erinnern."
„Ob der Typ, den ihr überfallen habt,
dir was getan hat?"
„Der nicht", sagte er mit deutlichem Zögern.
„Aber einer von denen. Ach komm,
das verstehst du ja doch nicht."
„Einer von denen? Wie meinst du das?"
„Vergiss es. Geht dich nix an."
„Es interessiert mich."
„Ich scheiß auf dein Interesse!"

Abrupt ließ ich ihn los. Gleich würde er
die Fliege machen wie letzten Samstag.
Und eigentlich wäre mir das am liebsten

gewesen. Doch er blieb. Sah mich an,
als erwarte *er* eine Erklärung.
In seinem Blick lag etwas Zwingendes,
dem ich mich nicht entziehen konnte.
„Ich hab euch vorm *Stern* gesehen,
vorletzten Samstag. Und zufällig hab ich
nachher den Mann, den ihr beklaut habt,
in der Ambulanz vom Marienhospital getroffen."
„Zufällig. Und dann wolltest du
Kommissar spielen?"
„Hör auf!" Ich wollte mich auf das Spielchen
nicht einlassen.
„Ist auch egal", sagte er schließlich.
„Ich hasse diese verdammten Alkis.
Wenn ich einen von weitem sehe,
könnte ich ausflippen."
„Sind doch arme Schweine", sagte ich lahm.
„Genau auf die Tour kommen sie einem
immer. Ihr armes, versautes, Leben.
Keiner liebt sie so, wie sie es verdienen.
Und du sollst sie verstehen
und alles verzeihen, was sie dir antun."
„Dann ist dein Vater Alkoholiker."

„Wieso?“
„Sonst hättest du nicht diesen Hass.“
„Sag bloß, du kennst das?“, fragte er spöttisch.
Ich nickte.
Sein Spott verletzte mich nicht.
Sein Blick glitt durch mich hindurch,
als würde ihm irgendwo ein Film gezeigt.
„Mein Alter lebt vermutlich wieder auf
'ner Parkbank. Oder ist bei 'ner Perle
untergekrochen.“
„Du hast keinen Kontakt mehr?“
„Nie richtig gehabt. Er ist bei meiner Mutter
nur aufgekreuzt, wenn er nicht weiterwusste.“
„Sie hat ihm geholfen?“
„Meistens. Und dann hat er sie
auch noch beklaut. Von mir aus kann er
auf seiner Parkbank verrecken, der Penner.“
„Wohnst du bei deiner Mutter?“
Er nickte mit zusammengebissenen Lippen.
„Sie hat noch mal die Kurve gekriegt.

Ist jetzt trocken. Nur ziemlich kaputt.
Ich hab 'ne Lehrstelle, aber das Geld
und ihre Stütze sind verdammt knapp

zum Leben. Hab mich halt
nach ’nem Nebenjob umgeguckt.“
„Hat ja auch geklappt“, konnte ich mir
nicht verkneifen.
Er schwieg einen Moment. „Eigentlich gut,
dass es jetzt aufhört. Ich musste mich
jedes Mal mehr reinsteigern und in den
Typen meinen Vater sehen. Sonst wär’s
nicht mehr gegangen.“
„Hmmm“, sagte ich.
„Und glaub ja nicht, dass es einfach war,
Leute zum Mitmachen zu finden.“
Er hörte nicht auf zu reden, kam richtig in Fahrt.
Und ich war plötzlich total daneben.
Wie sehr ich Walter zeitweise gehasst hatte,
begriff ich erst durch diesen Typen.
Und wie wenig es nützte zu wissen,
dass Trinken eine Krankheit ist. Jedenfalls,
wenn einer so trank wie Walter oder
der Vater von diesem Freak.
Al-ko-ho-lis-mus. Das Wort hatte ich
vor langer Zeit im Hirn abgespeichert
wie eine sinnlose Vokabel.

„Ich heiße übrigens Alex“,
brachte der Typ sich in Erinnerung.
„Hast du vielleicht was zu trinken?“
„Keinen Alkohol. Und ich bin Matthias.“
„Alk rühr ich nicht an. Bei der Familien-
geschichte kann ich mir gleich die Kugel
geben, wenn ich anfange zu saufen.“
Ich nahm ihn mit in mein Zimmer.
Auch wenn es vielleicht idiotisch war.
Als ich uns Sprudel eingoss,
zitterte meine Hand.
„Hab dich ja böse erschreckt.“ Alex grinste.
„Anders als du denkst.“
Fragend sah er mich an.
„Klar bin ich erschrocken, als ich gemerkt hab,
dass jemand in der Werkstatt rumschleicht.
Mahagoni konnte es nicht sein.“
„Mahagoni?“
„Dem gehört der Laden hier.“
„Ihr seid nicht verwandt?“

„Befreundet. Ich jobbe für ihn.
Er lässt mich vorläufig hier wohnen.“
„Vorläufig?“

„Mein Vater war kürzlich in einer Klinik
auf Entzug. Wir dachten, er hätte es geschafft.
Aber er ist wieder umgekippt."
„Die meisten kippen um", sagte Alex.
„Jedenfalls bin ich dann ausgezogen."
„Kann ich verstehn."
Ich musste auf einmal lachen.
Alex sah mich vorwurfsvoll an.
„Ist nicht komisch", sagte er.
„Irgendwie schon. Dass wir beide hier
mitten in der Nacht rumhocken und
über unsere Väter reden.
Wo wir vor ein paar Tagen versucht haben,
uns gegenseitig die Fresse zu polieren."
„Mir tut die rechte Hand immer noch weh."
„Ich hatte den ganzen Sonntag Kopfschmerzen."
„Hast du verdient." Jetzt lachte Alex auch.
Ich versuchte wieder ernst zu werden.
„Sind wir also quitt?", fragte Alex.
„Du kannst jetzt ganz normal
durch diese Tür verschwinden."
„Und falls … falls ich mal wiederkomme?"
„Dann bitte zu einer anderen Tageszeit."

„Im Ernst?“
„Im Ernst. Wär okay“, sagte ich und dachte,
Mensch, Matthias, du hast nicht mehr
alle Tassen im Schrank.
„Wär okay“, wiederholte Alex langsam.
„Und was ist mit Mahagoni?“
„Der kontrolliert meine Besucher nicht.“
Alex verschwand genauso schnell
wie letzten Samstag.
Und ich hörte wieder einmal Nirvana.
In Utero. Niemand sonst
drückte mein Lebensgefühl so aus
wie diese Gruppe, wie Kurt Cobain.
Dann fiel mein Blick auf das Foto von Gianna.
Ich durfte nicht warten,
bis sich alles von selbst einrenken würde.
Mein Gott, war ich ein Idiot gewesen.
Und während ich mir in Gedanken ausmalte,
was ich ihr alles sagen wollte,
schlief ich endlich ein.

22

Meine Uhr zeigte elf, als ich aufwachte.
Hatte ich die nächtliche Begegnung mit Alex
vielleicht nur geträumt? Mir kam das Ganze
bei Tageslicht völlig absurd vor. Doch ich hatte
das Gespräch noch beinah wörtlich im Kopf.
So was träumt man nicht.
Wieso kommt man von seinen Eltern nicht los,
selbst wenn man fast erwachsen ist? Arne,
Alex und ich. Was war denn normal zwischen
Vätern und Söhnen?
Raffaele Mantini fiel mir ein.
Er hatte ein paar Macken, klar,
doch er war in Ordnung. Trotzdem,
als Vater hätte ich ihn nicht gewollt.
„Er kümmert sich um die Pizzeria und
um die Familie“, hat Gianna mal gesagt.
„Aber er kennt Laura und mich nicht wirklich.
Er will, dass bei den Mantinis alles
so weiterläuft wie immer. Pasta. Basta.“

Und wenn ich selbst eine Familie hätte?
Für Kinder verantwortlich wäre?
War meine Vorstellung von Familie vielleicht
völlig daneben, weil ich Normalität
nicht kannte? Und weil Eltern auch nur
Menschen sind, wie Mahagoni sagt.
Ich war das ewige Grübeln leid.
Zog meinen Trainingsanzug an und joggte
durch die Anlagen wie ein Besessener.
Wind blies mir ins Gesicht. Ich lief und lief,
bis mir der Schweiß trotz der Kälte
an Brust und Rücken runterfloss und mein Kopf
einigermaßen klar war.
Danach, unter der Dusche,
hörte ich Mahagoni nebenan pfeifen. Das hieß,
sein Besuch bei Delphine war gut gewesen.
Ich beneidete ihn.

Margit nahm sofort ab.
Klang hellwach. „Doktor Bronner will

nach der Entgiftung mit der Therapie
weitermachen. Walter hat ihn selbst
darum gebeten“, sagte sie.

„Hast du einigermaßen geschlafen?“,
wollte ich wissen.
„Zum ersten Mal seit Wochen.
Hab jetzt ein paar Tage frei.“
„Was machst du gerade?“
„Willst du vorbeikommen?“
„Gern.“
„Dann setz ich mal gleich Teewasser auf.“
„Earl Grey“, bestellte ich.
„Sonst noch Wünsche?“, fragte sie lachend.
„Saft? Rührei auf Toast? Ich war joggen.
Hab einen Bärenhunger.“
Bevor ich auflegte,
hörte ich sie noch immer leise lachen.

Ich fuhr am Blumenladen vorbei
und kaufte Schneeglöckchen. Mama strahlte.
Sie sah noch immer nicht aus wie an Silvester,
aber besser als in der letzten Zeit.
Die Spinnweben waren aus der Küche
verschwunden.
Auf dem Tisch lag eine frische Decke.
Tee stand in der schönen alten Kanne
von Oma auf dem gläsernen Stövchen,
das ich Mama mal zum Geburtstag
geschenkt habe.
„Bleibt Walter in der Klinik?“,
wollte ich wissen.
„Ein paar Tage auf jeden Fall. Ob er den
Therapieplatz dann gleich bekommt,
müssen wir abwarten, meint Doktor Bronner.“
„Und du lässt dich von ihm
nicht mehr rumkriegen,
falls er wieder alles hinschmeißen will?“
„Ich hoffe es.“ Sie rührte in ihrem Tee.

„Immer die alte Kiste. Kopf und Gefühl.
Ich krieg es so schlecht zusammen.“
„Liebst du ihn noch?“

Ihr Ja kam ohne Zögern.
Und sie sah mich so erstaunt an,
als hätte ich die selbstverständlichste Sache
der Welt angezweifelt.
Dann schwiegen wir beide.
Mussten erst lernen,
richtig miteinander zu reden.
Und ich musste aufhören so zu tun,
als wüsste ich alles besser.
Dass ich nicht der Erwachsene
in unserer Familie war,
hatte ich inzwischen begriffen.
„Bald fahre ich mit dir Walter besuchen“,
sagte ich ohne groß zu überlegen.
„Ich bin jeden Tag bei ihm. Ruf an,
wenn ich dich mitnehmen soll.“
Ich nickte. „Das Frühstück war genau richtig,
Margit, danke.“
Sie lächelte. Zögerte einen Moment.
„Komm zurück, Matthias“, sagte sie leise.
„Ich würde mich freuen.
Aber fühl dich zu nichts verpflichtet.
Lass dir die Zeit, die du brauchst.“

23

Wieder fuhr ich zum Blumenladen.
Kaufte 24 langstielige rote Rosen.
Eine für jeden Monat mit Gianna.
Superkitsch. Aber mir war danach.
„Wenn Sie heute noch einmal kommen,
kriegen Sie Rabatt."
Die Blumenverkäuferin
zwinkerte mir zu.
Ich fühlte mich
wie in einem Theaterstück
aus einem anderen
Jahrhundert,
als ich bei Mantinis klingelte.
Nonna machte mir auf.
„Sie hockt schon den ganzen Morgen
in ihrem Zimmer", sagte sie vorwurfsvoll,
noch bevor ich gefragt hatte.
Im Flur begegnete mir Giannas Mutter,
eine große blonde Frau. In zwanzig Jahren

würde Gianna so aussehen. Immer noch schön.
Katharina Mantini kam aus Hamburg.
Hatte ihren Raffaele im Urlaub auf Sizilien
kennen gelernt.
Die Zwillinge waren dort geboren.
Im Sommer wollte Gianna mir die Insel zeigen.
Ich hatte das Geld für den Flug fast zusammen.
Und wenn Gianna meine Entschuldigung
nicht annahm?
Wenn es wirklich aus war mit uns?
Ich blieb einen Augenblick stehen,
bevor ich klopfte.
Zu meiner Erleichterung war Gianna allein.
Es wurde auch so schon schwierig genug.
Gestern Abend hatte ich genau gewusst,
was ich sagen wollte. Jetzt stand ich
mit meinen Rosen da wie ein Trottel.
Gianna hatte Ringe unter den Augen
und sah ernst, aber nicht abweisend aus.
„Wie lange es dauert, bis man sich wirklich
kennt“, sagte sie.
„Ich halt es nicht länger aus ohne dich.“
Ein originellerer Satz fiel mir nicht ein.

Immerhin war es die Wahrheit.
Die Rosen landeten
auf Giannas Bett
und dann hielten
wir uns aneinander fest,
als ob wir uns nie mehr
loslassen wollten. 
„Es ist alles so falsch gelaufen
in letzter Zeit“, murmelte ich in ihr Haar.
„Ich bin so ein verdammter Idiot.“
„Nicht nur. Und nicht immer“,
flüsterte sie mir ins Ohr.
„Du hast meine ganzen Probleme abgekriegt.“
„Das war's nicht. Ich komm nur nicht
damit klar, dass du zumachst,
wenn irgendwas los ist.
Ich komm gar nicht mehr an dich ran.“
„Ich kann so schlecht darüber reden,
wenn ich sowieso schon durcheinander bin.“
„Du brauchst dringend Nachhilfestunden,
Matthias Superhirn. Auf Sizilien werde
ich dir einen Crashkurs verpassen.“
Ihre Augen blitzten übermütig.

Und dann waren Worte nicht mehr nötig.
Wir hatten so viel nachzuholen.
Falls Zärtlichkeit sich nachholen lässt.
Unsere Liebe schwappte wie eine Woge
über uns hinweg. Riss uns mit.
Schwemmte alles Unglück der letzten Tage weg.
Unsere Haut, unsere Hände und unsere Lippen
kannten kein Missverständnis.

„Könnt ihr vielleicht nach dem Essen
weitermachen?"
Laura platzte mitten in unsere Versöhnung.
„Wenn es sein muss."
„Bleibst du zum Essen?", fragte Gianna.
Ich blieb. Wir saßen um den großen
runden Tisch in einer Ecke der Pizzeria.
So früh waren noch keine Gäste da.
„Die Lasagne schmeckt fantastisch", sagte ich.
Raffaele Mantini strahlte.
„Könntest du dir vorstellen, eine Ausbildung
als Koch zu machen und irgendwann in
meinen Laden einzusteigen?"
Laura fing an zu kichern,

Nonna runzelte die Stirn und
Frau Mantini schüttelte amüsiert den Kopf.
„Lass deine Witze, Papa!"
Gianna schob ihren Teller zurück.
„Man kann doch mal fragen", knurrte
Raffaele Mantini.
„Danke, dass Sie mir das zutrauen",
sagte ich etwas verwirrt. „Aber ich will Medizin
studieren."
Eine steile Falte erschien auf seiner Stirn.
„Genau wie Gianna. Hat sie die Schnapsidee
von dir?"
„Papa!" Gianna sprang auf. Warf die Haare
zurück. Aber noch ehe sie loslegen konnte,
kam die Kellnerin an unseren Tisch.
„Matthias", sagte sie, „dein Vater sucht dich."
Sie sah mich mitleidig an.
Ich erwartete schon ein lallendes „Wo ist
mein Matthias?" Doch es blieb still.
„Ich muss leider gehen",

entschuldigte ich mich bei den Mantinis.
„Frag deinen Vater, ob er mit uns
essen will", schlug Raffaele Mantini vor.

„Vielleicht ein anderes Mal, danke."
Ich regle das schon, signalisierte Gianna
mir mit Blicken.

Walter stand draußen vor der Pizzeria.
Er war nicht betrunken, aber er sah
erbärmlich aus.
„Ich will dich nicht stören", sagte er schnell.
„Was ist mit der Klinik?", fragte ich.
„Ich geh heute noch zurück. Aber ich hatte
keine Ruhe. Musste dich unbedingt sehen.
Es war alles so schrecklich zuletzt."
Er sprach leise, gehetzt. Sah mich
unverwandt an. Hatte dabei die Hände
in den Taschen, als würde er frieren.
„Wir müssen nicht hier draußen bleiben",
sagte ich. „Wir können zu Hause reden."
Seine Gesichtszüge entspannten sich.
In seine Augen kam fast ein bisschen Glanz.
Wir gingen durch den stillen, kalten Abend.
Manchmal klapperten Walters Zähne,
als ob er Schüttelfrost hätte.
„Soll ich lieber ein Taxi rufen?"

Er nahm die Hände aus den Taschen
und machte eine abwehrende Geste.
„Nein“, sagte er. „Mir ist nur ein bisschen kalt.“

Zu Hause zündeten wir Feuer im Kamin an,
was wir schon lange nicht mehr gemacht hatten.
Dann saßen wir da und starrten
in die Flammen. In meinem Kopfkino wurde
ein alter Film gezeigt.
Walter und ich unterwegs. Funkenregen.
Piratengeschichten.
Er schien krampfhaft zu überlegen,
was er sagen sollte. Genauso ging es mir auch.
Seit den Gesprächen mit Arne und Alex
über unsere Väter wurde das Gefühlschaos
in mir ständig größer.
Ich hätte gern mit Walter darüber gesprochen.
Plötzlich stand er auf.
„Ich muss dir was zeigen.“
Er ging vor mir her in den Keller. Neben

dem Heizungsraum hatte er sich vor Jahren
eine Dunkelkammer eingerichtet.
Für mich war es eine Zauberhöhle gewesen.

Ich wusste nicht, dass er sie noch benutzte.
Als er die Tür öffnete, sah ich Fotos
auf Wäscheleinen hängen. Ich ging näher.
Es waren Ausschnitte und Vergrößerungen
von Bildern, die Mama mir gezeigt hatte,
und welche, die ich nicht kannte.
„Ich will ein Buch daraus machen“, sagte er.
„Auch wenn ich damit nicht viel
bewirken kann.“
Er nahm eines der Kinderfotos von der Leine.
Als ich genauer hinsah, erkannte ich mich.
„Damit habe ich etwas Besonderes vor.“
Seine Stimme klang warm

und ich musste an die Alben denken,
die er früher für mich gemacht hatte.
„Hab dich und Margit verdammt im Stich
gelassen“, sagte er, ohne mich anzusehen.
„Doktor Bronner gibt mir noch eine Chance.
Aber dein Hass, Matthias, ich wollte, dachte …“
Schweißperlen standen auf seiner Stirn.
„Mach dir um mich keine Gedanken, Walter.
Ich hatte kein Recht, mich so aufzuspielen.“
Seit kurzem gehe ich in den Kindergarten.
Morgens bringt Walter mich hin. Unterwegs
spielen wir: Ich sehe was, was du nicht siehst.
Walter kommt immer mit bis zum Tor. Dort
hebt er mich hoch und gibt mir einen Kuss.
Den Weg durch den Vorgarten geh ich allein.
Bei jedem Schritt dreh ich mich um und winke.
Walter winkt zurück. Er geht niemals weg,
bevor ich im Haus verschwunden bin.
Es war gut, dass ich mich gerade jetzt
daran erinnerte.

„Ich drück dir die Daumen für dein Buch.“
„Ich bin Fotograf. Hab eine Verantwortung.
Das hatte ich wohl verdrängt.

Ich weiß es wieder." Er nahm das Foto
von mir in beide Hände.
Betrachtete es wie etwas,
was man lange gesucht und
endlich wieder gefunden hat. Sah dann mich an.
„Ich hab eine Verantwortung",
wiederholte er fest.
Wir gingen nach oben.
Das Feuer war heruntergebrannt.
Walter telefonierte nach einem Taxi.
Wir umarmten uns stumm.
In seinem Gesicht waren Erleichterung, Liebe
und Sorge und ich weiß nicht was noch.
Ich begleitete ihn nach draußen
und sah dem Auto nach.
In mir war ein Glücksgefühl.
Aber gleichzeitig hatte ich Zweifel und Angst.
Ich ging noch einmal in die Dunkelkammer,
sah Walters Fotos in aller Ruhe an,
und hörte Gianna sagen: „Wie lange es dauert,
bis man sich wirklich kennt."
Mir wurde die Doppeldeutigkeit des Satzes
erst jetzt bewusst. Mein Blick fiel auf

ein kleinformatiges Selbstporträt von Walter.
Das hatte ich vorhin übersehen.
Ich steckte es ein.
Ich wollte Mama im Nachtdienst anrufen
und ihr von Walters Besuch erzählen.
Vielleicht war es gut,
dass sie keine Zeit hatte.
Sicher wäre sie nur unruhig geworden,
wenn sie gewusst hätte, dass Walter hier
aufgetaucht war. Ich schloss das Haus ab
und fuhr zu Mahagoni.
Nächste Woche würde ich umziehen.
Wahrscheinlich.

24

Alex saß auf dem Müllcontainer hinter
der Werkstatt. Er versuchte ein Grinsen,
als er mich sah. Doch seine Gesichtsmuskeln
machten nicht richtig mit.
„Ich wollte schon deinen Boss fragen,
ob ich im Haus
auf dich warten kann.
Aber er ist nicht da."
„Komm rein,
wärm dich auf!"
Er ließ sich vorsichtig
auf die Matratze fallen.
„Ich habe nachgedacht",
verkündete er.
„Soll angeblich nie
schaden", gab ich zurück.

„Und was ist dabei rausgekommen?"
„Wir müssen uns innerlich unabhängig machen.
Unsere Väter haben uns viel zu sehr im Griff."

Es ärgerte mich, wie er *wir* sagte,
für mich mit dachte.
„Und was schlägst du vor?"
Ich versuchte Ironie in meine Stimme zu legen.
„Dass du uns 'n Kaffee machst, bitte.
Oder irgendwas Warmes. Ich komm mir
wie 'n Tiefkühl-Fischstäbchen vor."
Er sagte das so sympathisch und das *bitte*
klang so echt, dass mein Ärger verflog.
Wir gingen in Mahagonis Küche. Ich kochte Tee
und Alex sah sich bewundernd um.
„Verdammt schön hier", sagte er.
„Wie bist du eigentlich an die Typen
gekommen, mit denen du rumgezogen bist?",
wollte ich wissen.
„Hab sie einfach angequatscht."
„Wissen die, warum du das machst?"
„Gemacht hast", korrigierte Alex.
„Okay. Also, wissen die?"
„'türlich nicht. Die würden sich doch
an die Birne packen. Hab denen erklärt,
dass die Alkis uns ja eh nur
auf der Tasche liegen

und wir uns aus ihren Taschen ruhig was
zurückholen können."
„Ausgleichende Gerechtigkeit. Wunderbar."
„Mach dich nur lustig!", fauchte er mich an.
„Was ist mit dir los?"
„Hab meinen Vater getroffen."
„Verstehe. Du musst das jetzt erst mal
für dich klarkriegen."
Er kippte sich Zucker in den Tee.
Wir quatschten noch ein bisschen,
aber ich war in Gedanken abwechselnd
bei Walter und bei Gianna.
„Ich geh dann mal lieber", sagte Alex bald
und ich begleitete ihn bis zur Straße.
„Tut mir Leid, dass ich so daneben bin",
entschuldigte ich mich.
„Schon okay. Wenn ich irgendwas kenne,
dann das."
Er grinste auf seine unnachahmliche Art
und ich wünschte mir ehrlich,
dass er wiederkommen würde.
Dann schrieb ich zwei Briefe.
Einen an Gianna und einen an Walter.

Für Gianna fand ich endlich die Worte,
die ich ihr am Morgen hatte sagen wollen.
Die in mir stecken geblieben waren
wie in einem zu engen Gefäß.
An Walter schrieb ich mehrere Seiten.
Ich, der sonst nie Briefe schreibt.
Ich sagte ihm, wie sehr ich ihn
als kleiner Junge geliebt und bewundert hatte,
und wie daraus Enttäuschung, Wut und Hass
geworden waren. Dass ich seine Krankheit

bis vor kurzem nie wirklich verstanden hatte.
Manches war die reinste Liebeserklärung.
Das fiel mir erst beim Durchlesen auf.

Ob ich ihm diesen Brief je geben würde?
Schließlich zog ich sein Selbstporträt
aus der Tasche. Ernst sah er in die Kamera.
Schatten fiel über sein Gesicht wie ein Vorhang,
hinter dem er sich versteckte.

25

Mamas Auto stand im Hof vor der Werkstatt.
Aber ich fand sie weder in meinem Zimmer
noch im Laden. Also musste Mahagoni sie
mit in seine Wohnung genommen haben.
Was hatte das zu bedeuten?
Gar nichts, beruhigte ich mich. Mahagoni
ist gastfreundlich. Er hat Mama ganz einfach
einen Kaffee angeboten.
Die beiden saßen wirklich in der Küche.
Mamas Hände lagen auf dem Tisch und
umklammerten ihren Schlüsselbund.
Als sie mich sah, fing sie an zu weinen.
Walter hat einen Rückzieher gemacht,
schoss es mir durch den Kopf.
„Dein Vater hat einen Unfall gehabt.
Auf dem Rückweg zur Klinik."

Mahagoni fiel das Sprechen schwer.
„Er war nüchtern. Hat ein Taxi genommen",
stammelte ich.

„In dem Waldstück
vor der Klinik
war es glatt.
Der Taxifahrer
wollte einem Rettungs-
wagen Platz machen,
der mit Blaulicht
hinter ihm auftauchte.
Dabei ist er ins
Schleudern geraten
und gegen einen Baum geprallt.“

„Ist er … ich meine, ist Walter …“
„Er liegt im Koma.“ Mama schluchzte so sehr,
dass ich sie kaum verstand. „Sie haben ihn
wegen einer Hirnblutung operiert.“
„Hirnblutung“, wiederholte ich,
ohne zu begreifen.
In meinem Kopf leuchtete eine Warntafel auf.
Es kann sein, dass er stirbt.
„Können wir zu ihm? Jetzt gleich? Bitte!“
Mama stand sofort auf.
Mahagoni sah sie besorgt an.
„Ich fahre Sie hin.“

„Danke.“ Mama ging mit schweren Schritten zur Tür.
Auf der Fahrt sagte keiner von uns ein Wort.

„Er ist noch im Koma.“
Die Schwester auf der Intensivstation kannte Mama.

„Aber er braucht das Beatmungsgerät nicht mehr. Ein gutes Zeichen.“
Wir mussten grüne Kittel anziehen und einen Mundschutz umbinden.
Dann gingen wir in ein Zimmer mit weit geöffneter Tür. Walter sah fremd aus in dem weißen Krankenhaushemd, mit dem Kopfverband und all den Apparaten, die neben dem Bett standen und Kurven aufzeichneten wie Botschaften aus einer anderen Welt.
Ein Arzt zeigte Mama mit Gesten, dass er sie sprechen wollte.
Ich war froh, dass ich mit Walter allein sein konnte. Der Tropfenzähler an der

Infusionsflasche zerteilte lautlos die Zeit,
in der sich entschied, ob er überleben würde.
In meinem Kopf wimmerte die Mundharmonika.
Mir war heiß unter dem Mundschutz.
Meine Augen brannten. Aber im Innern war
mir kalt. Ich beugte mich über meinen Vater.
Lauschte seinem schwachen Atem.

Nahm seine Hände mit den Schläuchen
vorsichtig in meine. „Papa“, flüsterte ich.
„Du kannst nicht einfach abhauen.
Nicht jetzt, wo ich dich endlich
gefunden habe.“